# 我国大学教师发展中心的组织变革研究

程 平 李小平 著

中国海洋大学出版社

·青岛·

**图书在版编目（CIP）数据**

我国大学教师发展中心的组织变革研究 / 程平，李小平著 . —青岛 : 中国海洋大学出版社，2022.6

ISBN 978-7-5670-3352-8

Ⅰ.①我… Ⅱ.①程… ②李… Ⅲ.①高等学校—师资培养—研究—中国 Ⅳ.① G645.12

中国版本图书馆 CIP 数据核字（2022）第 230487 号

WOGUO DAXUE JIAOSHI FAZHAN ZHONGXIN DE ZUZHI BIANGE YANJIU

| | |
|---|---|
| **出版发行** | 中国海洋大学出版社 |
| **社　　址** | 青岛市香港东路 23 号　　**邮政编码**　266071 |
| **网　　址** | http://pub.ouc.edu.cn |
| **出 版 人** | 刘文菁 |
| **责任编辑** | 邓志科 |
| **电　　话** | 0532-85901040 |
| **电子信箱** | dengzhike@sohu.com |
| **印　　制** | 青岛中苑金融安全印刷有限公司 |
| **版　　次** | 2022 年 10 月第 1 版 |
| **印　　次** | 2022 年 10 月第 1 次印刷 |
| **成品尺寸** | 170 mm × 230 mm |
| **印　　张** | 15.5 |
| **字　　数** | 258 千 |
| **印　　数** | 1—1000 |
| **定　　价** | 52.00 元 |
| **订购电话** | 0532-82032573（传真） |

发现印装质量问题，请致电 0532-85662115，由印刷厂负责调换。

# 序

## PREFACE

20世纪60年代，以美国密歇根大学为代表的一批研究型大学，为了解决持续增长的本科生人数与大学教师严重短缺所带来的本科生人才培养质量下滑问题，纷纷建立了致力于发展大学教师教学能力、促进教育技术有效运用、开展教学质量评价的专门组织机构，即大学教师发展中心（University Faculty Development Center），从组织层面为大学教师教学提供支持服务。在以后的半个多世纪里，虽然大学教师发展中心的制度环境和工作重心等不断发生变迁，但是其作为大学教师教学支持服务机构、教学信息交流平台以及构建大学教学文化的组织使命和组织功能有增无减，成为大学促进本科生人才培养质量提升与大学教师发展的核心组织之一。进入21世纪，随着我国高等教育的大众化和普及化，大学教师队伍的规模日益庞大，这个群体的质量直接关系到我国高等教育的人才培养质量。在政府、高等院校和社会对大学教师质量高度重视和支持下，大学教师发展中心逐渐从大学的边缘发展成为大学治理体系的重要部分和我国提升大学教师质量的重要组织保障。2012年9月，教育部公布了遴选出的30个国家级教师教学发展示范中心名单，每个示范中心由中央财政资助500万元建设经费，用于探索建立适合本校实际的教师教学发展中心运行机制，开展教师培训、教学改革、研究交流、质量评估、咨询服务，以及为其他高校提供培训服务等。经过十多年的建设发展，我国大学教师发展中心对于大学教师专业素养的提升、大学场域内师资队伍建设以及大学教师高质量开展工作具有重要支撑作用，但也出现了一些新情况、新问题。

　　程平博士基于此选取大学教师发展中心为研究对象，从组织变革的视角建构分析框架并开展研究，选题具有重要的理论意义和实践价值。作者借鉴组织变革理论，在客观调查我国大学教师发展中心的现状与问题基础上，从组织文化视角较为深入分析了我国大学教师发展中心组织变革的演进逻辑，探讨了我国大学教师发展中心组织结构变革新趋向，提出了我国大学教师发展中心组织变革的路径。作者在著作中引入的组织变革的理论基础是适切的；作者提出，大学教师发展中心组织演变的基本动因是学科分化与学术职业发展的需要，大学教师发展中心的组织变革是寻求知识逻辑与社会逻辑相统一的过程，自组织是大学教师发展中心组织变革的基本取向，马赛克文化是大学教师发展中心组织变革的基本特征；大学教师发展中心组织文化和组织结构两个向度互相嵌入；大学教师发展中心变革需要采用二元结构的融合发展路径——坚持改变组织结构"硬件"和同步推进以组织文化为核心的"软件"改革相结合，等等，这些都是有新意的，也是有参考价值的。

　　程平博士长期从事军事教育基本理论、大学组织管理与制度、教师发展研究，学有专长。我在华中科技大学任职期间担任她的博士生导师，我欣喜地看到《我国大学教师发展中心的组织变革研究》付梓出版，希望她能够不忘初心，再接再厉，在军事教育、大学组织管理与制度、教师发展等学术研究领域勇往直前，百尺竿头更进一步，有更多的新作、佳作问世。

签名：

中国地质大学教育研究院院长，二级教授、博士、博士生导师，国务院政府特殊津贴专家，全国高等教育学专业委员会常务理事，中国民办教育协会民办教育研究分会副理事长

2022年10月于武汉

# 前言
## FOREWORD

    大学教师发展中心是为大学教师职业发展及其教学改进提供专业资源和服务支持的"专业服务组织"和"教与学研究中心",是大学中的"学术共同体自组织"。大学教师发展中心具有人本性、学术性、支持性等组织特点,在促进大学履行人才培养、学术研究等职能方面发挥着巨大作用。

    本书主要由理论基础与分析框架、我国大学教师发展中心的组织变革现状调查、我国大学教师发展中心组织变革的演进逻辑及结构变革新趋向、我国大学教师发展中心组织变革的路径选择等部分组成。

    本书以组织变革理论为基础,提出学科分化与学术职业发展是大学教师发展中心组织演变的基本动因;大学教师的能力变迁及能力重构是大学教师发展中心组织变革的实践主线和价值诉求。本书将规制性、规范性、文化—认知性三种制度要素纳入组织文化因素,形成组织文化的多层次特征。从认识论、系统论、实践论的视角分析大学教师发展中心的组织变革,形成大学教师发展的主体观、系统观、时空观,演绎形成大学教师发展中心组织变革的分析框架——组织文化和组织结构。

    大学教师发展中心组织文化和组织结构两个向度互相嵌入。大学教师发展中心的理想组织文化模式是自然合作组织文化,就像"流动的马赛克",马赛克文化是大学教师发展中心组织变革的基本特征。自组织是大学教师发展中心组织变革的基本取向,是基于教师之间的开放性、信赖性和相互支持援助而形成的关系形式。自组织具有自发性、自愿性、自主性等特征,自组织是大学教师发展中心组织结构管理转型的新方向。本书从自组织的核心要素及管理模式、去中心化和组织扁平化、"互联网+"时代的组织结构变革等方面优化大学教师发展中心组织变革，这是大学教师发展中心自组织变革的发展趋势。

大学教师发展中心组织变革应采取二元融合的组织发展路径。大学教师发展中心的组织变革，须坚持改变组织结构"硬件"和同步推进以组织文化为核心的"软件"改革相结合，将大学教师发展中心建设成为教师生涯的加油站、教学经验的聚宝盆、教学名师的摇篮、教育科研成果的孵化器、教学改革的制高地和学校战略的推进器。遵循"技术进步—观念更新—理论牵引—制度支撑—体制跟进"的思路，通过对大学教师发展中心组织文化的制度化建构、组织结构的链路变革、组织资源的体系整合进行系统设计和整体推进，形成一种类生态、自完善、自进化的去中心化的自组织管理模式。

在提高大学服务社会经济发展能力的新工科、新医科、新农科、新文科之"四新"建设背景下，探索培养跨学科意识，构建一流的跨学科体系，开展跨学科联合培训，采用大学教师学术共同体自组织的教师管理模式，为大学教师发展中心组织变革提供契机。具体体现在：一是大学教师发展中心为大学教师学术共同体自组织提供组织平台支撑；二是灵活设置大学教师学术共同体自组织岗位；三是有效发挥大学教师学术共同体自组织在促进跨学科等合作方面的作用；四是建立虚实结合的大学教师学术共同体自组织管理体制。"四新"建设背景下联合培训和大学教师学术共同体自组织的教师管理模式是我国大学教师发展中心的重要管理方式，有助于加快形成高等学校大学教师发展中心协作培育的立体格局。

# 目录
## CONTENTS

　　我国高等教育经过1999年以来的持续扩招后，由精英教育阶段快速进入大众化阶段，稳步迈向了普及化阶段。我国高等教育毛入学率从1998年的9.76%快速上升，2002年达到了15%，标志我国高等教育从精英教育进入大众化阶段。2017—2019年，我国高等教育毛入学率逐年增长，分别为42.70%、48.60%和51.60%，迅速实现了高等教育普及化。2020年，我国各种形式高等教育的在学总规模为4183万人，高等教育毛入学率达到了54.40%。[①]随着我国高等教育扩招，在学学生数量迅猛增长，高等学校面临来自社会、政府和师生的多方压力和多元价值诉求，大学生数量和教师数量急剧增长，大学教师队伍规模日益扩大，庞大教师群体的素质水平直接关系到我国高等教育的人才培养质量，社会公众关注和担忧大学教学资源不足、学生培养质量下滑、教师队伍良莠不齐等问题。在政府政策引导下，高等学校成立了以促进本校教师专业发展、提升大学教师教学能力、改进学生学习品质、培育优秀大学课堂教学文化等为宗旨的大学教师发展中心或大学教学促进中心等专门的大学教师发展组织机构，期望提高教师整体素质，改善教育教学质量，以实际行动回应社会公众对高等教育质量的普遍质疑。

---

　　① 中华人民共和国中央人民政府教育部网站. 全国教育事业统计主要结构［EB/OL］. http：//www.gov.cn/guoqing/2020-05/2.

# 第一节　问题提出

大学教师发展起源于哈佛大学18世纪的学术休假制度，大学教师发展中心组织的建制化发端于密歇根大学学习与教学研究中心（Center for Research on Learning and Teaching）的创建。2006年，"密歇根—中国大学领导论坛"会议之后，我国大学教师发展中心进入建设探索阶段。教育部于2011年提出，引导高等学校建立适合学校自身特色的教师发展中心，此后各省出台了建立高校教师教学发展中心的相关文件，自上而下、大规模地掀开了我国大学教师发展中心建设的浪潮。2012年，教育部倡导"推动高校普遍建立教师教学发展中心，重点支持建设一批国家级教师教学发展示范中心"[①]。教育部于2012年6月举行专门会议，研究国家级大学教师发展示范中心的发展定位、评审标准等。2012年7月12日，教育部下发《关于启动国家级教师教学发展示范中心建设工作的通知》，将"重点支持建设30个国家级教师教学发展示范中心，每个示范中心由中央财政资助500万元建设经费，用于探索建立适合本校实际的教师教学发展中心运行机制，开展教师培训、教学改革、研究交流、质量评估、咨询服务，以及为其他高校提供培训服务等"[②]。按照国家级教师教学发展示范中心的遴选要求，符合财政部经费支持范围的中央部委所属高校共112所。在各部属高校及其主管部门的大力支持下，69所高校在申报期内报送了申报书及相关支撑材料，在形式审核环节，取消4所

---

① 《关于全面提高高等教育质量的若干意见》[ EB/OL ]. http：//www.gov.cn/srcsite/A08/html 2012.

② 中华人民共和国中央人民政府教育部. 关于启动国家级教师教学发展示范中心建设工作的通知［S］，2012.

学校参评资格，其中南京航空航天大学、南京理工大学两校联合申报国家级示范中心，由于中心主体不明，暂缓评审；空军工程大学、国防科学技术大学不在财政部经费支持范围，未能受理。在报送申报陈述稿环节，对外经济贸易大学未提供相关材料，明确提出放弃答辩资格。因此，实际参加评审的共有64所高校。参评的64所高校，按区域划分，东部地区、中西部地区（与"中西部计划"省份划分范围相同）各32所；按主管部门划分，教育部直属高校50所，其他部委所属高校14所；按层次划分，"985工程"高校34所，"211工程"高校24所，其他普通高校6所。

2012年9月，教育部公布了遴选出的30个国家级教师教学发展示范中心名单。通过评议高校申报材料、播放讨论申报高校PPT陈述与远程电话答辩等评审环节，以专家打分成绩总和（去掉一个最高分和一个最低分）由高到低排序，共遴选出30个拟入选"十二五"示范中心。入选的30个示范中心，按区域划分，东部地区、中西部地区（与"中西部计划"省份划分范围相同）各15所；按主管部门划分，教育部直属高校26所，其他部委所属高校4所，其中工信部所属2所（哈尔滨工业大学、北京理工大学），中科院所属1所（中国科学技术大学），国家民委所属1所（中南民族大学）；按层次划分，"985工程"高校23所，"211工程"高校7所（北京交通大学、西南财经大学、陕西师范大学、西南大学、西南交通大学、东北师范大学、中南民族大学）。[①]此后，省级大学教师发展示范中心建设突飞猛进；到2012年年底，大学教师发展中心国家级、省级、校级的建设格局基本形成。

我国大学教师发展中心经过十多年的建设发展，目前，出现了许多新情况、新问题，亟须科学的理论指导。大学教师发展中心作为一种新兴组织在我国高校中建立和发展起来，在教育部相关政策的鼓励和推动下，主要是为了改进教学质量，提升教学水平，满足教师的个性化需求，为大学教师发展提供平台支撑，提高大学教学水平，促进人才培养质量提高。但是通过验收

---

① 中华人民共和国中央人民政府教育部. 关于批准厦门大学教师发展中心等30个"十二五"国家级教师教学发展示范中心的通知［S］.教高司函〔2012〕171号，2012.

考察前期教育部投入巨额资金建设的国家级教师教学发展示范中心，发现很多大学存在注重申报、轻视建设的问题，不论是大学教师发展中心的功能定位还是人员配备，包括组织机制、实际用途和具体运作方式等，大多没有实现预期建设目标。在大学改革与规模发展的进程中，大学教师发展中心的使命和功能是什么？大学教师发展中心的角色定位是什么？大学教师发展中心的组织文化应该秉持怎样的价值取向？大学教师发展中心的组织结构和隶属关系怎样设置才能促使大学职能部门之间衔接有序、边界清晰、行使有度、分工合作？

本书以"大学教师发展中心组织变革"为核心论题，既代表了大学教师发展中心组织内部从隶属关系、机构设置、组织文化等方面的组织变迁，又代表了大学教师发展中心组织由他组织向自组织的根本转变，因而具有组织变迁和制度变迁的双重属性。大学教师发展中心组织变革包括理论和实践两个层面，即静态和动态：大学教师发展中心组织中应实现哪种组织结构和隶属关系为预期目标的组织变革？又该如何实现这种组织变革？前者追问的是大学教师发展中心应该形成什么样的制度模式、达成何种制度状态，这反映了静态意义上的大学教师发展中心组织变革。后者追问的是该如何推进大学教师发展中心组织变革进程，体现了动态意义上的大学教师发展中心组织制度化内涵和进程。

因此，研究大学教师发展中心组织变革，可以从两个层面展开：一是静态的大学教师发展中心组织变革层面，侧重设计出科学合理的大学教师发展中心的制度架构和规则体系；二是动态的大学教师发展中心组织变革，主要基于制度环境、制度化过程等方面，主张设计一条具有现实针对性和可操作性的大学教师发展中心组织变革的行动路径。

具体研究问题包括以下几个。

（1）大学教师发展中心的组织变革现状是什么？

（2）大学教师发展中心的组织属性是什么？与传统的教研室或院系组织是否功能相似？大学教师发展中心组织变革的影响因素有哪些？其核心要素是什么？核心要素的不同组合构成了哪些形态和模式？

（3）大学教师发展中心的组织文化特征是什么？组织文化的多层次特征与组织制度化的关系是什么？

（4）大学教师发展中心的组织结构变革及趋势是什么？

（5）大学教师发展中心组织变革的实践路径是什么？

# 第二节　研究意义

研究大学教师发展中心的组织变革，是高等教育改革与发展的必然要求，有利于提高大学办学水平和人才培养质量，为大学教师发展提供组织支持，是新时代高等学校内涵式发展落实到末端的有力抓手。研究大学教师发展中心的组织变革，是提高大学教师专业化发展水平的客观需要，有利于建设一支高水平的大学教师队伍，提升大学教师的整体素质。尤其是在教育部"四新"建设背景下，研究大学教师发展中心的组织变革，是加强大学教学质量建设的现实需求，不仅有利于整合资源，形成合力，促进大学教师发展工作制度化、规范化和专业化，推进大学教师发展中心的组织化进程；而且有利于促进学科交叉和科学整体性发展、形成整合性思维，对于合力破解重大现实难题具有重要意义。

## 一、现实意义

首先，研究大学教师发展中心的组织变革，是高等教育改革与发展的必然要求。

2012年以来，我国政府高度重视建设大学教师发展中心，并且出台了诸多文件，指导高校建立具有本校特色的大学教师发展中心，积极开展各类教师培训和个性化咨询服务，提高教师教学能力，满足教师的个性化和专业化发展需要，为大学教师发展提供组织支持。以习近平同志为核心的党中央，倡导"全面提高高等学校教师质量，建设一支高素质创新型的教师队伍。着力提高教师专业能力，推进高等教育内涵式发展。搭建校级教师发展平台，组织研修活动，开展教学研究与指导，推进教学改革与创新。加强院系教研室等学习共同体建设，建立完善传帮带机制"[①]。我国高等教育学科奠基人和开拓者潘懋元先生，就师德师风建设、高等教育内涵式发展、"双一流"建设、课堂教学等热点问题接受记者采访，潘先生对新时代高等教育新征程寄予厚望，重申加强高校教学基础地位的重要意义，呼吁高等教育界应该进一步加强微观教学过程应用研究。他认为，"党的十九大报告提出高等教育要实现内涵式发展，主要是要改变学校一味依赖扩大规模、依赖办学升格、依赖外延式发展模式的现象，侧重提高质量，尤其是提高教育教学质量"[②]。基于院校研究层面深入探索大学教师发展中心的组织建设路径，是高等教育改革与发展的必然要求，有利于提高大学办学水平和人才培养质量，为大学教师发展提供组织支持，是新时代高等学校内涵式发展落实到末端的有力抓手，显得尤为重要和迫切。

第二，研究大学教师发展中心的组织变革，是提高大学教师专业化发展水平的客观需要。

建设一支高水平的大学教师队伍是提高大学教学质量和人才培养质量的现实途径，大学教师发展中心为提高大学教学质量、提升教师教学水平、培育和形成大学教师学术共同体发挥了重要作用。一方面，"教学学术"理念使人们重新认识并开始关注大学课堂教学，找到了大学课堂教学的中心地位。我国20多年来的高校扩招政策使学生规模不断壮大，大学教师人数成倍增长，但大学教师队伍中真正毕业于师范类院校的教师并不多，这些教师不少

---

① 习近平.决胜全面建成小康社会 夺取新时代中国特色社会主义伟大胜利——在中国共产党第十九次全国代表大会上的报告［R］.党的十九大报告学习辅导百问，北京：党建读物出版社，2017：8.

② 潘懋元.内涵式发展要在专业、课程、教学上下功夫——访厦门大学潘懋元先生［J］.中国大学教学，2018（01）：46-50.

来自非师范类院校的非师范类专业，他们缺乏现代教育理念和教学技能的专门培训，需要大学教师发展中心的组织支持。另一方面，研究优化大学教师发展中心的组织变革路径，可以更好地满足大学教师的需求，科学化、常态化地对本校教师进行培训，并提供模块化服务，有利于建设一支高水平、专业化的现代大学教师队伍，提升大学教师整体素质。

第三，研究大学教师发展中心的组织变革，是加强大学教学质量建设的现实需求。

2019年教育部、科技部等13个部门在天津联合启动"六卓越一拔尖"2.0计划，提出全面推进新工科、新医科、新农科、新文科（简称"四新"）建设，以提高大学服务社会经济发展的能力。在"四新"建设背景下，研究大学教师发展中心组织变革，满足适应了加强大学教学质量建设的现实需求，不仅有利于学科交叉、促进科学整体性发展、形成整合性思维，而且有利于推进大学教师发展中心的组织化进程，促进大学教师发展工作制度化、规范化和专业化，对于合力破解重大现实难题具有重要意义。

大学教师发展中心通过制度化、规范化、专业化的设计，推动大学教师发展中心进行组织变革，在组织结构、组织文化、组织要素、运行机制的建立和运行方面进行变革，推动大学教师发展中心的组织化进程。一是有利于整合科学知识，促进学科交叉和科学整体性发展。跨学科弥合了学科间的分裂与隔离，在不同学科间架起桥梁，将现代科学知识还原为一个更为完整的知识体系。二是有利于增进人类认知水平，形成整合性思维。知识新旧交替与相互作用的过程，对培养人类创新思维具有重要的方法论价值。三是有利于推动不同学科联合攻关，合力破解重大现实难题。人类科学面临从解决单一线性问题向高度复杂非线性问题的转变。科学问题的解决越来越依赖学科的交叉、渗透与融合，教育部"四新"建设背景下的大学教师发展中心组织为学科交叉提供平台支持，为破解重大现实难题提供了整合性的思维方式、多学科的知识和研究方法。大学在国家政策牵引、教学评价或外部质量认证等力量拉动下，积极推动大学教师发展中心组织变革，整合资源，形成合力，可以有效提升高等教育教学质量。

## 二、理论意义

开展大学教师发展中心组织比较研究，推动权变理论发展；研究大学教师发展组织变革路径，对于发展丰富教育管理理论、探索大学教师发展的组织保障模式具有重要意义。

一是加强大学教师发展中心的组织比较研究，推动权变理论发展。现代组织理论通过对组织间的比较研究，发现组织间存在着共性和差异，从而提高了组织学的理论化程度。从20世纪50年代开始，有关组织立场，古典组织理论和新古典组织理论具有根本区别，主要表现在研究组织的方法上有新突破，组织研究的对象种类增加扩大，使人们认识到根据组织所处的不同情况进行具体分析的必要性，促进了组织比较研究。组织比较研究主要包括相似组织之间的比较、不同类型的组织之间比较、不同文化圈组织之间的比较。以前的组织理论研究主要局限在部分政府组织或企业组织，大学教师发展中心组织是以知识为材料，以研究和教学为技术的学术组织之一，其组织变革路径研究需要关注组织与环境、目标、技术，组织活动的性质、决策过程的程序化等因素，推动权变理论发展。

二是研究大学教师发展组织变革路径，对于丰富和发展教育管理理论、探索大学教师发展的组织保障模式具有重要意义。大学教师发展中心作为学术共同体，移植到我国的高等教育管理体制中，其职能定位、组织结构、运行机制、活动形式等方面与欧美国家较为成熟的教师发展组织有一定差异。开展对我国大学教师发展中心的组织变革研究，遵循我国大学教师成长的规律，探索我国大学教师发展的组织支持模式，用卡梅隆与奎因组织文化模型、丹尼森组织结构模型分析我国大学教师发展中心的组织文化和组织结构流变，对于我国大学教师发展中心实现从教师培训向教师发展的功能跨越有指导作用，对于丰富和发展教育管理理论具有重要意义。

# 第三节　核心概念

　　目前，按照人才培养体系的类型，我国高等教育结构可以分为两大类：学术型高等教育和职业型高等教育。学术型高等教育普遍建立了注重理论和基础研究的学术型人才培养体系。职业型高等教育则建立了以岗位能力为目标的职业型人才培养体系。与此相对应的高等院校结构可以分为学术型高校和职业型高校两种，我国学术型高校主要培养学术型人才，截止到2020年年底，我国有2738所普通高校，其中本科院校有1270所，包括21所本科层次职业学校。一流大学建设高校42所，一流学科建设高校95所，"双一流"高校合计137所，占本科院校总数的10.79%；非"双一流"高校1133所，占本科院校总数的89.21%。[①]在本书中，为聚焦问题，仅以部分"双一流"高校的大学教师发展中心为研究对象，兼顾国外学术型高等院校大学教师发展中心的个案情况，横向对比，探寻规律，以期为我国大学教师发展中心组织变革提供借鉴。

## 一、大学教师发展

　　大学教师发展研究兴起于20世纪60年代末的美国，70年代以后研究范围逐渐扩大，并成为欧美乃至世界各国教育界关注的重要研究领域。在国内，起初的用语是"高校师资培训"或"师资队伍建设"，2000年以后，大学教师发展组织理论引入中国，相关研究成果越来越丰富。1991年，美国教育联

---

　　① 中华人民共和国中央人民政府教育部网站. 全国教育事业统计主要结构［EB/OL］. http://www.gov.cn/guoqing/2021-03/1.

合会将大学教师定义为四种角色：自然人、组织成员、学术人员、教学专业人员，并从教学发展、组织发展、专业发展、个人发展四个维度对大学教师发展进行内容分析。

我们通过查阅文献厘定大学教师发展、大学教师教学发展、大学教师专业发展三个概念，以便见微知著，理解大学教师发展的内涵和趋势。我国有代表性的观点可以追溯到2006年潘懋元先生的观点。他认为，大学教师发展主要包括学术水平的提高、教师职业知识与技能的提高、师德的提升三个方面。哈佛大学第23任校长科南特（J·B·Conant）认为，大学的荣誉不在其校舍和规模，而在于它的教师质量。为了更好地促进大学教师的发展，提高教育质量，欧美各国纷纷建立了教师发展组织。

大学教师发展（Faculty Development）是指大学教师个体在学校内外环境作用下，围绕专业发展、教学发展、组织发展和个人发展等内容，在认知、技能和行为等方面所发生的积极变化。

大学教师教学发展（Instructional Development of Faculty），指高校教师围绕课程设计、教学技能和学生评价等方面进行培训，以便提高教师的教学能力和教师课堂教学质量的过程。

大学教师专业发展最初由美国学者提出，一方面为了提高大学教师的职业地位，期望大学教师职业得到社会认可和尊重；另一方面，旨在提高大学教师的专业素养，促进大学教师专业化发展。大学教师专业发展强调专业人员应以专业理论、专业技术和专业资格为保证，具有行使专业自主的能力和相应的职业道德，具有鲜明的工具价值取向，具有他主型特点，更好地服务于社会需求。但仅仅强调大学教师专业发展是不全面的，从外部提高教师职业地位也是不够的，大学教师发展也是为了教师自身更有意义、更有价值的发展，倾向于自主型教师发展。[①]需要注意的是，大学教师发展包含大学教师教学发展，但不局限于此。

---

① 叶澜，王枬. 教师发展：在成己成人中创造教育新世界［J］. 教师教育学报，2021，8（03）：1-11.

## 二、大学教师发展中心

大学教师发展中心是指具有共同目标、贡献的意愿、信息沟通交流和社会性的原则规范等基本特征，并以大学教师的发展以及学生的学习为主要研究方向，为教师发展以及学生学习提供创新理论、发展方向并与实践相结合的专门组织机构。[①]大学教师发展中心既不是纯粹的行政组织，也非纯粹的学术组织，而是兼具行政和学术双重属性的组织机构。

大学教师发展中心是为大学教师及其教学改进提供服务的专业服务组织，研究大学教与学中存在的问题和发展趋势，以便更好地为大学教师服务的大学教与学研究中心；是基于共同的大学教学发展愿景，将那些分散在各个院系基层学术组织、相互疏远隔离的大学教师个体汇聚成团的学术共同体自组织。

大学教师发展中心起源于美国学术委员会的一项教师发展决议案，作为国外教学质量保障体系的重要组成部分，已有半个多世纪的历史，发展比较成熟。美国高校教师发展组织化始于20世纪60年代密歇根大学的学习与教学研究中心。

我国的大学教师发展中心在初创时期主要是自上而下的行政任命和建制行为，从长远角度看，大学教师发展中心必须具备清晰的目标和方向，是核心能力建立和组织使命不断清晰化的过程，大学教师发展中心组织变革是内在追求和外在环境适应相互作用的结果，而不是纯粹自发性质的自组织。

## 三、组织

组织是安排人或事物使之具有系统性、整体性，按照一定宗旨建立起来的有系统、有秩序的集体。[②]组织是目标导向明确、结构有序、有意识协调活动，并与外部环境密切联系的有机结合的统一体。

---

① 别敦荣，韦丽娜，李家新. 高校教师教学发展中心运行状况调查研究［J］. 中国高教研究，2015（03）：41–47.

② 新华汉语词典［M］. 北京：商务印书馆，2007（08）：1616.

自组织的概念起源于物理学。在复杂的热力学耗散系统中，物理学家发现许多原子和分子以自组织的形式结合在一起，最终形成一个更有秩序、更精致、更复杂的新整体。他组织是由外部指令组成的，广泛存在于各种组织的内部和管理系统中，而自组织则存在于组织内部的项目团队和组织之间的联盟中。

自组织是系统成员基于共同愿景和发展目标自发形成的整体，组织内的成员共同参与规则制定，实行自我约束管理，统一行动。自组织是人们寻求合作的一个自然而然的结果，单个人为了突破自身资源和能力的限制，为了追求更美好或更高远的目标，会自然而然地选择合作途径，建立协同互助的关系。当这种协同互助关系具备了共同目标和协调规则，相互协同的关系就逐渐稳定下来，转变为稳定的协同互助体系，这是正式组织的雏形。任何组织存在都需要具备相应条件，包括共同目标、贡献的意愿和信息交流沟通，并依靠社会性的规范原则来协调或维持组织成员内部之间的协同。大学教师发展中心的自组织结构有助于弥补我国大学体制分级管理、层次分明、统一封闭等导致的灵活性不足、创造力不足、适应性差的缺陷，也可以有效解决学术活力不足、学术组织发展不成熟等问题。大学教师发展中心的自组织结构模式，赋予整个高等教育和大学系统一定的灵活性、张力和学术自主性。

## 四、组织变革

组织变革是组织根据内外环境变化，及时调整、完善和创新组织要素的过程。[1]

组织设计是为了将组织的各种资源进行合理配置，以实现组织预设的目标并促进组织发展，着重发挥组织中人的能动作用而采取的一种权变性策略。[2]

组织建设是指组织管理过程中，组织文化和组织结构的有机结合及运行

---

① 武立东.组织理论与设计［M］.北京：机械工业出版社，2015：5.
② 武立东.组织理论与设计［M］.北京：机械工业出版社，2015：49.

模式，它表现为内部组织结构要素在外部环境和技术因素作用下形成的具有一定关系的组织形式和运行方式。①

组织设计和组织变革之间是一种肯定与否定的关系。组织变革是对现存组织的部分合理性提出质疑，以进行新的组织设计。组织变革不是完全否定原有的组织设计，而是对组织中不适应当前环境的部分进行变革，剔除不合理的部分，保留对组织发展有利的因素，是一个从多种组织设计方案中进行选择的过程。组织变革是一个渐进的动态过程，新的组织设计是考虑各方需求，在组织变革中经过多种备选方案的比较、以促进组织发展，实现组织目标的设计。

从中外大学教师发展中心的演变历程进行考察发现，不同的时间点上，构成大学教师发展中心的核心要素，以及相互之间的关系表征出来的组织结构，会呈现出不同特征，大学教师发展中心、大学教学发展中心、教与学研究中心等组织名称也异彩纷呈、各不相同。大学教师发展中心组织管理看起来零散，不同的人站在不同视角，对各种矛盾的感受不一致，甚至是冲突的。而大学教师发展中心组织管理的深层次问题，却是环环相扣、因果循环、前后传导、动态变化的。坏的管理表现为各种问题之间的恶性循环和大学教师发展中心的组织管理系统失效，好的管理表现为大学教师发展中心的组织之间相互促进和提升系统竞争力，背后关键的决定因素是大学教师发展中心的组织运行机制。组织运行机制贯穿于组织变革和组织转型之中，这是组织发展的两个不同阶段。本书选用"大学教师发展中心组织变革研究"，而非"大学教师发展中心组织转型研究"就在于：我国大学教师发展中心发展历程并不悠久，历史沿革和制度变迁仍处于起步探索阶段，从系统要素层面考察，我国依然处于大学教师发展中心的组织变革阶段，还没有发展到系统性变革组织转型阶段。

---

① 武立东.组织理论与设计［M］.北京：机械工业出版社，2015：264.

# 第四节　文献述评

本书围绕"大学教师发展中心组织变革"这一核心问题，按照"环境—组织"相互作用的思路，采用现象解释型逻辑顺序，通过"大学教师发展中心、大学教师专业发展、大学学术共同体、组织文化、组织结构、组织变革"等关键词进行文献检索，了解大学教师发展中心组织发生了什么变革，再通过文献分析组织变革的影响因素并予以解释，为提出组织变革的分析框架和可能路径奠定基础。

## 一、关于大学教师发展中心现有文献的初步统计

我国大学教师发展中心建设大约已有十年时间，通过"大学教师发展中心、大学教师专业发展、大学学术共同体、组织文化、组织结构、组织变革"等关键词对相关文献进行检索，主要发现：第一，我国大学教师发展中心研究，起步较晚，文献数量递增，质量较好，分布广泛，得到诸多核心期刊的支持。截至2021年9月，在超星系统，以"大学教师发展中心"为主题进行精确文献检索，如图0-1各频道发文量统计图所示，共检索到97篇文章和1部专著，发表时间分布如图0-2各类型学术发展趋势曲线图所示：2011年3篇、2012年7篇、2013年4篇、2014年11篇、2015年5篇、2016年16篇、2017年19篇、2018年15篇、2019年3篇、2020年2篇、2021年2篇，以及2020年出版专著1部。第二，在中国高等教育期刊文献总库"博硕论文"中，1999年至2021年硕博士论文题名"教师发展"中心或组织建设相关的有《跨学科教学团队中的大学教师发展》等5篇论文；学位论文学术发展趋势曲线如图0-3所示。"运行机制"作为关键词搜索有6篇，作为题名的有10篇。以"大学教

师发展"为标题，搜索了硕博士论文有49篇，如图0-4发表论文学位类型统计图，文献使用频率较高，是研究关注的焦点，呈现繁荣景象，人们比较关注大学教师发展、大学教师教学能力、大学教学学术等主题，对大学教师发展中心的组织建设涉及不够多，对大学教师发展中心组织的运行机制以及对组织各要素之间互动关系研究持旁观态度。

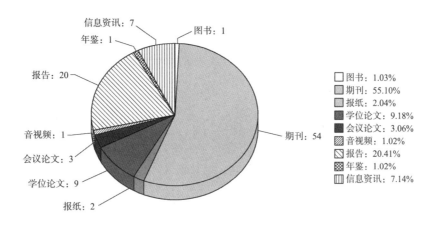

图0-1　"大学教师发展中心"各频道发文量统计（2010—2021年）

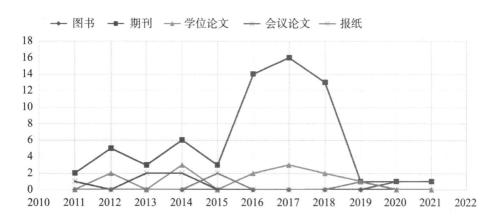

图0-2　"大学教师发展中心"各类型学术发展趋势曲线（2010—2021年）

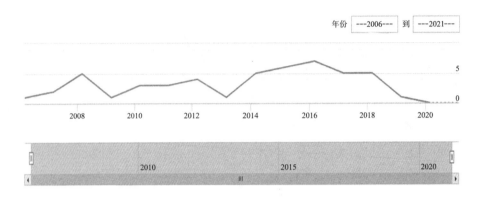

图0-3 "大学教师发展"学位论文学术发展趋势曲线（2006—2021年）

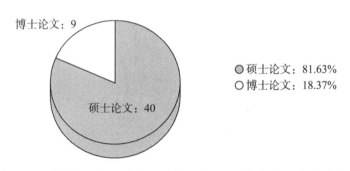

图0-4 "大学教师发展"发表论文学位类型统计（1999—2021年）

## 二、国内研究现状综述

国内大学教师发展中心组织变革的研究综述主要从四个方面梳理：大学教师发展中心组织变革的相关理论研究、运行机制研究、组织要素研究、具体研究方法。

### 1. 相关理论研究

有大量学者围绕大学教学学术、大学教师专业发展、大学学术共同体、大学教师中心的发展者开展研究。庞海芍教授从高校学术共同体和教学学术研究的视角出发，运用莱夫和温格（Lave&Wenger）的"实践共同体"理论，探索如何在高等学校内部建立一个汇聚不同专业或学科的教师教学学术的实践共同体。旨在给更多高校和更多教师提供加入教学学术研究与实践"大帐篷"的机会，形成大学教师教学学术共同体，把建立和发展多样化的大学教学学术共同体作为促进我国大学教学学术健康发展的基本途径。①颜建勇教授等认为，大学教学学术能力是大学发展的核心竞争力。他从教学学术能力的生成发展逻辑出发，指出随着信息技术发展的影响和跨学科领域的不断涌现，各学科教育呈现超学科方向发展趋势，教师在此种情境下需要结合现代技术以一种超学科思维去研究创新学科教学知识，提高教学学术能力，这就必须要借助高校教师发展组织提供教师成长的相应平台和桥梁以实现此目标。②

赵菊珊教授认为，应重视大学教师教学学术能力培养和发展，搭建大学教师学术发展共同体，着力推动大学教学学术文化和制度体系建设，促进大学教师教学学术专业发展和可持续发展。③

李志河教授从发展教学学术的角度出发，指出教学学术共同体是以提升教师教学学术水平为旨趣，以共同体成员之间的交流为途径，从而使得共同体内部成员之间互享经验、共同提升教学质量的一种存在物。教学是大学的首要职能，也是大学的本质标识，高校应该加大投入，完善教师继续教育制度，设立教师教学发展培训基金，同时，也要定期召开教学研讨会，积极举办教学活动竞赛和优质教学展示活动，搭建教学学术交流和提升的平台。④李志河教授从大学教学学术视角出发，认为大学教学学术共同体是大学教学学术发展创新的重要支撑。大学教学学术共同体应当具备自由平等、多元融合、智能开放和实践研究等特性，以创新教学和提升教学学术水平为目标，以信息技术搭建的混合空间为载体，通过跨时空、跨区域、跨文化的合作寻

---

① 庞海芍等.推进大学教学学术，改革教师评价体系［J］.高教发展与评估，2021，37（03）：20-26.

② 颜建勇，张帅，黄珊.大学教师教学学术能力的生成发展逻辑探析［J］.江苏高教，2021（06）：86-93.

③ 赵菊珊.基于教学学术视角的高校教师教学发展思考［J］.中国大学教学，2021（08）：92-96.

④ 李志河，钟秉林，秦一帆，潘霞.高校教师教学学术水平的实证研究——基于我国内地40所高校教师样本［J］.江苏高教，2020（08）：35-42.

求教学问题的解决。[①]

学者们热衷于研究大学教师专业发展，关注教学能力提升。沈文淮教授等研究如何通过项目培养或者专题讨论、咨询服务等模式，提升大学教师的教学能力。学者戴丽娟通过分析教学学术的内涵和运行机制，探讨教学学术催化系统的运行机制。马琴教授从当前高校教师所承担的多元角色与任务出发建议构建自愿参与、共享互促的教师专业学习共同体。教师应结合自身的兴趣、目标以及精力投入到科研项目以及教学改革当中去，在良好的氛围中相互评价、共同学习，形成共同促进的教师发展的良性多维空间。[②]

学者李芒[③]专门分析我国大学教师中心的发展者，分析他们专业化发展的内在逻辑，认为他们是中坚力量。总之，我国大学的教师发展实践从无到有、从泛到专的历程可以分为"引进、内化、模仿、伫立"四个阶段。只有从大学教师发展系统层面厘清不同发展时期的阶段特征和矛盾，把握大学教师的专业发展规律，才能帮助大学教师摆脱缺乏主体意识的自然式发展状态，从而真正实现理性化的专业成长。教师发展者个体的专业发展受教师发展中心机构体制的制约，机构必须超越单一行政职能，向研究、教育与管理一体化的综合性职能转型，教师发展者应该成为集教育者、管理者和学者于一身的形象。

### 2. 运行机制研究

已有文献中，关于大学教师发展中心运行机制的研究可以分为以下三类。

一是以实证为基础的运行机制研究。庞海芍教授以实证材料为基础，总结出大学教师发展中心运行机制主要有四个来源：由教务处职能演变的专业机构整合而成；以人力资源为主导，将各职能部门的机构组合而成；由教育技术培训服务机构组建而成；由教育科研机构组建而成，这四种不同来源组

① 李志河，潘霞. 新时代高校教学学术共同体的蕴意与构建［J］. 现代远程教育研究，2020，32（06）：44-51.

② 马琴. 高校教师发展的理论流变［J］. 高教学刊，2020（26）：1-6，10.

③ 李芒，石君齐. 我国大学教师发展者专业化的内在逻辑［J］. 现代教育管理，2020（02）：78-84.

成的机构，其运行机制也不同。

有学者基于需求供给型，研究教师专业发展项目的评价与创新。韩映雄认为，基于需求供给型的大学教师专业发展项目评估模式，以组织和参与者的需求满足度作为判断教师教学发展项目成效的主要依据，并通过供给调整来改进提高需求满足度。他主张从教师需求入手，基于供给侧结构性改革视角，通过提高项目设计能力，灵活运用各类资源，特别是培训师等高关联度人力资源，及时有效引导和满足教师专业发展需求并逐渐解决"不培训不行，培训后也没用"和"培训就是负担"的现状。[①]

二是引荐研究国外成熟组织的运行机制。例如，徐延宇介绍了密歇根大学基于学科开展个性化服务的项目。[②]屈廖健则以密歇根大学学习与教学研究中心为个案展开田野调查，从组织社会学的理论视角入手，基于大量一手资料，探讨大学教师发展中心组织诞生的环境、过程与组织合法性，分析其运行机制形成、重构的过程以及各个阶段运行机制中的组织环境、资源、目标、战略、工作、正式组织、非正式组织、人员与产出的特征，并且对密歇根大学学习与教学研究中心的运行机制变迁原因进行剖析，总结美国研究型大学教师发展中心运行与发展的经验与教训，为我国大学教师发展中心的组织变革提供借鉴。[③]在文献梳理中，密歇根大学学习与教学研究中心，作为全美最早的大学教师发展中心，在其近60年的发展过程中，的确已经具备了组织结构完整、组织工作丰富、组织声誉高等特征，是大学教师发展中心运行机制的最佳实践典范之一，其组织运行机制的变迁也代表了美国研究型大学教师发展中心发展历程的缩影。

三是根据学校特点，构建校本教师发展运行机制。朱继洲提出了西安

① 韩映雄. 基于供给侧视角的大学教师专业发展项目评估与创新［J］. 教师教育研究，2018，30（02）：16-20.

② 徐延宇. 高校教师发展：基于美国高等教育的经验［M］. 北京：教育科学出版社，2009：36.

③ 屈廖健. 美国研究型大学教师发展中心运行机制变迁［M］. 太原：山西教育出版社，2020：131.

交通大学教师发展中心应合理定位、精心规划、使命明确、整合相关教育资源、统筹协调、各司其职等具体建议。陈素娜基于"互联网+"时代的视角，对大学教师发展中心运行机制的优化升级进行研究，以案例分析为基础，对国内部分大学教师发展组织运行机制进行考察，分析了组织的实际状况，展现了实然状态下的运行机制现状，提出了"互联网+"时代大学教师发展中心优化升级的建议。[①]

### 3. 组织要素研究

有的学者聚焦研究大学教师发展中心的组织性质和组织职能。庄丽君认为，大学教师发展中心的职能主要聚焦于大学教师发展，包括教学、教师、课程和组织四个发展维度，国家级示范中心更要聚焦于教学发展，半数以上的示范中心以建设卓越的教学文化为建设目标。别敦荣等认为，大学教师教学发展中心应兼具行政和学术的性质。陈志勇认为，大学教师发展中心是一个"专门化、研究型、服务性"的组织机构。

赵惠君从美国高校教师发展中心的创设理念出发，指出美国高校教师发展中心主要致力于为教师教学发展提供支持，推进教师教学走向卓越。"服务"是美国高校教师发展中心运行的共同理念。她从项目参与原则、教师隐私保护、教师发展中心与教师的互动、教师参与项目的经济成本、教师发展中心的面向对象、教师发展中心对待"评价"的态度、教师发展中心对细节的关注七个方面阐述美国高校教师发展中心的"服务"理念。[②]

王森借鉴美国大学教师发展经验中的服务至上理念，指出国内大学教师发展中心的发展，应明确组织定位，转变发展理念；细化职责分配，提高专业水平；加强沟通交流，整合多方资源。[③]

---

① 陈素娜，陈萌. 大学教师发展中心运行机制优化升级研究［J］. 集美大学学报（教育科学版），2019，20（05）：1-8.

② 赵惠君. 美国高校教师发展中心运行理念述评［J］. 高等教育研究学报，2019，42（03）：85-91.

③ 王森. 美国高校教师发展工作历程、特点及启示［J］. 教育理论与实践，2020，40（18）：44-46.

有的学者关注大学教师发展中心的组织建设现状及对策研究。李红惠认为，我国大学教师发展机构还存在机构建制混乱、性质不明、权责不清；大学教师发展组织运行的专业性有待加强，相关从业人员专业素质有待提升。如何找准自我定位，如何在高校站稳脚跟，如何实现机构的可持续发展是这类机构面临的主要挑战。①

别敦荣、韦莉娜、李家新对全国54个高校教师教学发展中心的基本设置情况、工作内容、工作目标进行问卷调查发现，大学教师发展中心在性质、建制、功能与影响力等方面还有待进一步调整、完善和加强。②

陈睿指出，促进教师专业成长，需要构建教师专业学习共同体生成的外部制度环境，学校要创新教师专业共同体的组织方式。通过改革传统固化的管理模式，注重跨学科教师之间的学习和交流，建立基于不同个体特征和禀赋差异的分层式小规模教师团队，以创新的组织方式和共同的价值引领，实现跨学科、分层式教师合作团队的组建。③

### 4. 具体研究方法

已有研究成果大多采用理论思辨的方法，也有部分学者采用质性研究方法。

田杰对H高校教师发展中心进行个案研究，运用期望理论，从教师的角度研究大学教师发展中心面临的困境，发现其深层次原因，既有外部系统障碍，也有内部结构矛盾。④主要问题是大学教师发展中心还不能完全满足教师的发展需求，教师提供的服务与期望匹配出现错位现象，导致教师没有获

① 李红惠. 教师教学发展中心组织的建设趋势研究——以30个国家级教师教学发展示范中心的陈述稿为分析样本 [J]. 复旦教育论坛，2013，11（01）：29-33.

② 别敦荣，李家新. 大学教师教学发展中心的性质与功能 [J]. 复旦教育论坛，2014，12（02）：41-47.

③ 陈睿. 高校教师专业自主发展的价值意蕴与实践路径 [J]. 湖北大学学报，2021（04）：166-173.

④ 田杰. 我国高校教师发展中心的现实困境——基于期望理论分析 [J]. 广东轻工职业技术学院学报，2020，19（01）：48-54.

得感。

朱炎军采用扎根理论的分析方法，研究大学卓越教师教学学术能力的结构模型。他认为教学学术的开展是一个从内到外、从观念到行动的过程，教学学术能力的发展需要教师主体和组织制度共同发挥作用，是主体与制度、个人与组织共同作用的结果。[①]

刘之远采用质性研究方法，以案例研究的形式，剖析美国的研究型大学，及其教师发展组织如何实现转型，探讨组织专业化现实困境、破解及借鉴，并且从治理视角，研究美国研究型大学教师发展组织变革的路径及可能提供的借鉴。[②]

总而言之，我国关于大学教师发展组织变革的研究并不多，这主要是因为我国大学教师发展组织建设还处于探索阶段。为了加强大学教育教学改革、提高本科教育教学质量，2012年开始，我国自上而下成立了大学教师发展中心，真正意义上的大学教师发展组织机构建设才正式启动。此前，我国设立的大学教师发展机构要么成为专业学院，要么成为高校行政部门的下属机构，难以承担欧美和日本等大学教师发展组织的职能和重任。

## 三、国外研究现状综述

国外大学教师发展中心组织变革研究主要集中在三个方面：首先，教师发展中心演变的历史归纳和理论构建。第二，组织研究，重点分析发展历程、组织机构以及功能、角色的转化等。第三，项目运行研究，重点关注项目有效性、具体项目运行等。

### 1. 大学教师发展中心演变的历史归纳和理论构建

虽然各国大学教师发展组织的名称不同，但其机构职责大同小异，发展迅速。梳理国外研究文献发现，大学教师发展中心演变的历史归纳很丰

---

① 朱炎军. 高校卓越教师教学学术能力的结构模型研究——基于扎根理论研究方法［J］. 高教探索，2021（07）：57-64.

② 刘之远. 美国研究型大学教师发展组织的转型——基于多案例的质性研究［D］. 湖北：华中科技大学，2018：5.

富。[①] 美国高校大学教师发展机构始建于20世纪60年代，至70年代中期，美国有千余个机构设置大学教师发展项目，275所高等学校设置了教学促进中心。目前，约95%的高校建立了高校教师发展计划和组织。20世纪80年代以来，日本一直关注大学教师的发展问题；20世纪90年代，政府开始出台措施指导高校实施教师发展活动，85%的公立和私立大学实施了各种形式的教师发展和建设计划。2003年，英国颁布《未来高等教育法》，并提议拨出专项资金建立"卓越教学中心"。到目前为止，英国大多数研究型高校均成立了大学教师发展机构，如布卢姆斯堡大学的教学和学习提高中心等，有的大学以著名人物名字为其命名，如牛津大学的牛津教育学院。国外高校促进教学服务的机构名称不尽相同，归纳起来大致有以下六种：第一，教学中心或者教学发展（促进）中心命名，比如哈佛大学、斯坦福大学和英属哥伦比亚大学；第二，卓越教学中心命名（Center for Teaching Excellence），比如卡耐基梅伦大学、哥伦比亚大学、西北大学；第三，教师发展或咨询中心命名（Faculty Development），如慕尼黑大学、莱顿大学；第四，以学习中心命名（Learning Center），比如牛津大学的学习中心、加拿大麦克马斯特大学的学习中心；第五，以高等教育研究中心命名，如华盛顿大学；第六，以学习中心命名，包括教学专业发展的职能。

森格（Susan R. Singer）研究提出未来美国大学教师发展中心的趋势，认为美国大学教师发展中心是美国大学教学改革的中坚力量，他结合组织定位、组织特征和组织环境，提出了美国大学教师发展中心的未来趋势。[②]

卡塞瑞（Amber Casolari）认为，外国大学教师发展中心组织的蓬勃发

① Wright, D. L. Faculty Development Centers in Research University: A Study of Resources and Programs. In M. Kaplan, D. Lieberman（Eds）, To improve the academy: Resources for Faculty, Instructional, and Organizational Development [J], Bolton, MA: Anler, 2000（18）: 105–108.

② Singer, S. R. Learning and Teaching Centers: Hubs of Educational Reform. In Technology, Engineering, and Mathematics: New Directions for Higher Education by Narum Jeanne L. and Conover, Kate [M]. San Francisco: Jossey-Bass, 2002: 59.

展，受益于跨院校的专业组织支持，基金会或个人赞助也功不可没，但是，各个学校自身的坚持不懈才是最直接、最根本的推动力量和促进因素，尤其是美国各高等学校通过组织化方式，使大学教师发展组织成为制度化的实践活动。①大学教师发展是个重要的过程，它使教师能够了解具体学科的前沿知识并在教与学的过程中进行创新。目前，欧美国家综合性大学关于教师发展组织的研究越来越多，但对理工类院校或是专业性较强的院校发展建设关注较少。

### 2. 组织研究

国外教师发展组织变革的实践研究资料丰富，哈佛大学教师发展组织被誉为世界领先的大学培训机构之一，受到所有国家的大学的学习效仿。②戴瑞克·伯克教学和学习中心的首要任务是为大学教师提供课堂教学支持和服务。1976年，美国的丹佛斯基金会给了哈佛、斯坦福等五所大学启动资金，用于建设教学中心（Teaching Centre）。时任哈佛大学校长的戴瑞克·伯克（Derek Bok）利用这一资源建设了哈佛—丹佛斯中心，致力于提高哈佛大学本科生教育的质量。1991年，哈佛大学为纪念担任校长长达20年之久的戴瑞克·伯克而将其改名为"戴瑞克·伯克教学和学习中心"。中心负责教师教学质量的改进工作，一些教师擅长做研究，却不一定擅长教学；如果教师学术水平很高，但教学质量却不理想，系里就会决定让该教师到中心提高教学技能，才考虑是否给予终身教职聘任。

康斯坦斯·库克（Constance E. Cook）主要研究大学教师发展中心组织机构以及功能，重点围绕角色的转化，包括对大学教师发展管理者的角色进

---

① Scott，W. R. Institutions and Organizations Ideas and Interests（3$^{rd}$ed）［M］. Los Angeles：SAGE Publications，2007：19.

② Jerry G. Gaff. New Life for the college curriculum：assessing achievements and furthering progress in the reform of general education［M］. San Francisco：Jossey-BassInc，1991：37.

行分析，对教师发展中心的组织和领导进行研究。①

海尔曼（Jennifer H.Herman）以美国200所大学教师发展中心的员工为研究对象，采用定量研究的方法，重点考察员工数量和参与项目人数的百分比。研究发现，美国研究型大学教师发展中心的教师参与度相对更高，但大学教师发展中心的员工以兼职人员为主，全职员工偏少。②

戴瑞克·伯克教学中心目前是美国最大的、受资助最多的大学教师发展中心之一。现有16位专职人员，每年预算为140万美元，戴瑞克·伯克教学中心为教授、讲师、访问学者和助教提供免费服务，戴瑞克·伯克教学中心每年大概培训600位教师，以研究生导师为主。③

### 3. 项目运行研究

莱特（Delivee L. Wright）选择美国33所研究型大学为样本，对美国大学教师发展中心的资源和项目进行研究，按组织环境、组织结构、组织目标等诸多要素，将大学教师发展中心分为单一校园中心模式、多校区合作模式、特殊功能中心模式、学院分支模式以及国际合作模式。④

弗兰茨（Alan C. Frantz）等通过实地调查、问卷调查等方式，评估大学教师发展中心的项目支持模式，包括所提供项目、最佳实践、达到目的的障碍、组织架构、评估方式以及中心与教师之间的关系。调查数据清晰地显示了教学与学习中心的主要功能是发展教师教学能力，采取工作坊、教学评估

① Cook，C. E. Advancing the Culture of Teaching on Campus：How a Teaching Center Can Make a Difference［M］. Sterling，Virginia：Sthlus Publishing，2011：8.

② Herman，J. H. Staffing of Teaching and Learning Centers in the United States：Indicators of Institutional Support for Faculty Development［J］. Journal of Faculty Development，2013（02）：12–16.

③ Derek Bok Center for Teaching and Learning［EB/OL］. http：//bokcenter.harvard.edu/.

④ Wright，D. L. Faculty Development Centers in Research University：A Study of Resources and Programs. In M. Kaplan，D. Lieberman（Eds），To Improve the Academy：Resources for Faculty，Instructional，and Organizational Development［M］. Bolton，MA：Anler，2000（18）：291–293.

方式，但是达到目标的最大阻碍则是经费问题。[1]

康斯坦斯·库克（Constance E. Cook）[2]除了围绕角色的转化，对大学教师发展组织的管理角色进行分析外，还研究了人员招聘、项目开发和运行、资金募集等方面的职责和原则。

有的学者关注英国爱丁堡大学开展多样化的课程以及工作坊[3]。该大学通过不断扩充教师发展中心的职能，以期覆盖更全面的服务内容，设立教学证书、为教师开设培训课程、开办工作坊、向教师提供丰富的信息与资源、协助教师进行教学评估与反馈。爱丁堡大学（University of Edinburgh）学术发展研究所（Institute of Academic Development）有37名工作人员，分工明确，为举办各种课程和研讨会提供了人力资源。学院围绕教师、科研人员和管理人员的特殊需要，组织不同主题的研讨会，开设多种课程，并组织相应的发展项目和活动，以满足大学教师的需要。爱丁堡大学非常重视通过培训促进教师发展，爱丁堡教学方面的获奖者根据其水平被授予高等教育研究所的副研究员、研究员、高级研究员和高等教育学院的首席研究员。

## 四、对现有文献的分析与评价

通过梳理相关文献资料发现，大学教师发展中心组织变革研究主要集中在以下方面。

一是通过大学官网和文献检索发现，我国大学教师发展中心建设的初衷主要是提升教师教学能力。浏览官方网站搜索发现，2008年，中国教育科学

---

① Frantz, A. C., Steven A. Beebe, Virginia S. Horvath, Joann Canales, David E. Swee. The Roles of Teaching and learning Centers. In S. Chadwic-Blossey, D. R. Robertson （Eds）[M]. To Improve the Academy: Resources for Faculty, Instructional, and Organizational Development, Baolton: Anker, 2005（23）: 73.

② Cook, C. E. Advancing the Culture of Teaching on Campus: How a Teaching Center Can Make a Difference [M]. Sterling, Virginia: Sthlus Publishing, 2011: 3.

③ Austin, A. E. Supporting Faculty Members Across Their Careers. In K. J. Gillespire & D. L. Robertson & Associates（Eds）, A Guide to Faculty Development（2$^{nd}$ed）San Francisco, CA: Jossey-Bass, 2010.

研究院（原中央教科所）成立了教师发展研究中心，作为从事教师发展研究的专门机构。其职能定位为"一个主体，三项服务"，即以教师发展研究为主体，实现基础研究、应用研究、成果转化的协调可持续发展；以高质量科研成果服务教师发展决策、服务教师发展理论创新、服务教师发展实践，将政策研究、理论创新、教育实践紧密结合，围绕中心，服务大局。为国家教师决策提供科学的政策咨询、理论贡献和人才管理支持。[①]我国港台地区高校的教师发展中心建立时间比内地大学教师发展中心更早。2000年，我国香港理工大学建立大学教学发展中心（Educational Development Centre），开展教师发展研究等服务，被认为是香港地区成立最早并且规模最大的教师发展中心。2005年，我国台湾东吴大学建立了台湾地区最早的教学资源中心。我国第一个教学支持服务机构——中国海洋大学教学支持中心，直到2007年才在内地成立。2007年年底，首都经贸大学创设了教学推广办公室。2011年，西安交通大学和复旦大学，先后成立校本教学支持服务部。2011年7月，教育部在《关于"十二五"期间实施"高等学校本科教学质量与教学改革工程"的意见》中提出"引导高等学校建立适合本校特色的教师教学发展中心，积极开展教师培训、教学改革、研究交流、质量评估、咨询服务等各项工作，并重点建设一批高等学校教师教学发展大学教师发展示范中心"。该政策掀起了我国大学教师发展中心建设的巨大浪潮。2012年，我国批准成立了30个国家级教师教学发展示范中心，具体名单见附录4。

二是研究主题从宏观向微观转向。20世纪60年代，发达国家开始关注大学教师发展中心的建设，并对其进行了持续研究、探讨。国外大学教师发展中心的研究成果，大多侧重于对欧美发达国家大学教师发展中心组织的先进经验进行介绍，比如密歇根大学的学习和教学研究中心。研究主题逐渐关注其微观层面建设，比如以某种教育思潮理论或观点为基础，研究大学教师发展的模式策略或内容项目和具体活动。还有一些学者们对美国和我国香港、台湾地区的15所高校新教师教学培训方案的文本进行分析，论述了新入职教

---

① http://www.nies.net.cn/

师教学培训在内容、形式等方面的特征及发展趋势。通过15所国（境）外一流大学新教师培训方案与国内某"985"高校近年新教师培训方案进行比较，对国内高校新教师培训与国际前沿培训理念和方法对接、如何立足本校实际情况制定新教师培训方案进行探索和思考。[①]

三是大学教师发展中心的组织建设研究蓬勃发展。国外大学教师发展中心组织建设研究具备了先进理念，备受重视，但是系统研究推广力度不够，没有形成以点带面的示范效应，没有形成合力。我国从大学教师发展中心组织建设的角度看，目前大学教师发展中心形成了国家级、省级、校级的系统格局，结合本国、本省、本校的实际情况，研究具有我国特色的组织建设方法和路径，各层次的建设都并非完成时而是进行时。从研究的视角看，既有从教育学的角度进行研究，也有从哲学、心理学、社会学的角度进行研究；从研究的理论看，既有以西方自然教育、自由教育、存在主义和人本主义教育思想为基础展开的大学教师发展组织支持研究，也有以中华民族"一体多元"[②]理论为基础的大学教师发展中心定位与功能检视和批判的研究，还有以跨界与知识转化审视大学教师发展中心的组织建设研究；从研究的层面看，既有理论、概念、定义的研究，也有方法、举措等操作性比较强的实践层面的研究；从研究区域看，既有美国、英国、荷兰等西方发达国家的大学教师发展组织的研究，也有韩国、日本等以东方传统文化为主导的国家开展大学教师发展方面的研究；从研究范畴来看，由于组织建设起步较晚，对我国大学教师发展中心建设的系统研究较少。从研究对象以及研究的方法来看，现有研究主要是研究人员关于教师发展中心建设的成果总结，很少见到实证研究范式，对大学教师发展中心的实然建设状态研究较少。从研究内容来看，大学教师发展中心组织变革的理论、制度、保障等主题在研究成果中出现的频率较低。从研究结论来看，有许多关于大学教师发展中心组织建设

---

① 邢磊，邓明茜. 中美15所高校新教师培训方案的文本分析［J］. 现代教育技术，2016，26（10）：52–59.

② 秦洁琼，欧雯雯. 地方本科院校教师教学发展中心建设现状、问题与对策［J］. 湖州师范学院学报，2014，36（06）：67–69.

的一般性结论，但没有形成大学教师发展中心组织建设的比较成熟的理论体系；具有特殊性的结论较少，具有现实针对性的对策建议不多。

综上所述，我国大学教师发展中心由政府推动自上而下展开，容易形成聚合效应，对大学教师发展中心组织变革理论与实践进行了初步探索。文献涉及组织规模、组织功能、组织性质、组织结构、组织文化、组织制度、组织创新、内外部环境、"互联网+"技术、供给侧改革视角等组织变革影响因素非常广泛，但是没有系统凝练先进的组织变革理念，没有对大学教师发展中心的组织要素互动关系进行研究，缺乏从组织变革理论视角对大学教师发展中心组织产生和发展的要素分析。一方面，高等教育发展迫切需要大学教师发展中心的建设和研究，认识到大学教师发展中心建设的重要性；另一方面，理论上不系统、实践上不成熟的局面又制约了我国大学教师发展中心的组织变革的深入推进和有效运行，这为本书进一步研究留下了缺口和探索空间。

## 第五节　研究思路与方法

本书通过调查大学教师发展中心的组织建设现状，运用组织变革理论，形成组织文化和组织结构的分析框架，采用文献研究法、调查研究法和案例研究法对我国大学教师发展中心的组织变革现状和对策进行分析与最优化探寻，为不同类型的高校进行大学教师发展中心的组织变革，提供理论支持和有益借鉴。

### 一、研究思路

本书围绕"大学教师发展中心组织变革"这一核心命题，提出大学教师发展中心组织变革的理论依据和分析框架，在分析现状的基础上，以问题为导向，探索组织变革的路径和实践策略。大学教师发展中心组织演变的基本动因是学科分化与学术职业发展。学科知识内部矛盾运动是刺激大学教师发展中心组织动态更新的内在动因，知识活动与思想自由是大学教师发展中心组织动态变化生成的必要条件。大学教师发展中心组织变革是寻求知识逻辑与社会逻辑相统一的过程，以组织变革理论为基础，从自组织的核心要素及管理模式、去中心化和组织扁平化、"互联网+"时代的组织结构变革等方面阐述优化转型的大学教师发展中心自组织的价值诉求。并对大学教师发展中心组织变革进行理论界说，从认识论视角剖析大学教师发展的辩证统一性，形成大学教师发展的主体观；从系统论角度，剖析大学教师发展组织的有机整体性，从而形成大学教师发展的系统观；从实践论出发，展望大学教师发展中心的全程联动性，形成大学教师发展的时空观，提出大学教师发展中心组织变革的分析框架——组织文化和组织结构。本书的研究思路如图0-5所示，主要研究内容包括以下几部分。

第一部分，现状分析。为深入了解大学教师发展中心的组织建设现状，本书针对广东、陕西、湖北、新疆等10个省、自治区或直辖市的35所高等学校的教师发展中心工作人员和主管领导进行问卷调查和访谈。选取了多个典型院校作为案例，通过获取案例院校的工作总结、规章制度、工作计划等一手资料，结合访谈、包括疫情之后的追踪访谈等多种途径，对单个案例院校从不同角度去考察和搜集素材。围绕组织文化和组织结构两个维度设计调查问卷和访谈提纲，梳理我国大学教师发展中心组织建设经验，发现存在的主要问题：大学教师发展中心的发展定位尚不够明确，其学术性未能完全凸显；组织机构不健全，缺乏独立性；功能尚不够完善，其专业性有待提高；影响力较弱，对教与学的辐射带动作用有待提高。

第二部分，理论探索。本书从组织文化和组织结构两个向度，探析大学教师发展中心的组织文化特征和类型，论证大学教师发展中心的理想组织文化模式——自然合作组织文化模式。自然合作组织文化是基于教师之间的开放性、信赖性和相互支持、援助而形成的一种关系形式，具有自发性、自愿性、自主性等自组织特征。展望大学教师发展中心的理想组织文化模式——

自然合作组织文化，就像"流动的马赛克"，远看似一幅完整的图画，浑然一体；近看则是由不同小块的个体组成。它强调每个大学教师都是独立的个体，他们各具特色，处于松散的、相对独立的联合状态，正是这种看起来松散的自组织联合构成了教师合作的整体图景。自然合作组织文化是基于教师之间的开放性、信赖性和相互支持、援助而形成的一种关系形式，具有自发性、自愿性、自主性等自组织特征，它是经过人为合作文化阶段后更高级的合作组织文化。

大学教师发展中心组织结构变革方面，通过考察大学教师发展中心组织结构的变革趋势，遵循组织结构设计、自组织管理的关键点和自组织化的转型路径，提出大学教师发展中心组织结构变革的新趋向——自组织化，并利用丹尼森组织模型特征——适应性、使命、参与性和一致性，对大学教师发展中心组织结构进行初步测评及总结；体现了我国大学教师发展中心组织建设的新定位与"自组织"走向。

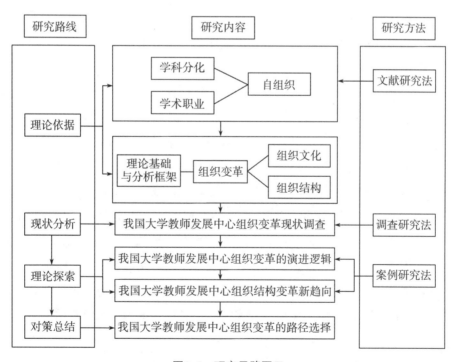

图0-5　研究思路图示

第三部分，对策总结。遵循"技术进步—观念更新—理论牵引—制度支撑—体制跟进"的脉络，通过对大学教师发展中心组织文化的制度化建构、组织结构的链路变革、组织资源的体系整合进行系统设计，提出我国大学教师发展中心组织建设的路径选择，总体呈现向下授权、分布式管理、去中心化控制的开放式的"自组织"形态。

## 二、研究方法

本书将研究目标、研究内容与研究方法作为一个整体加以考虑，选择组织文化和组织结构作为理论分析框架，从历时和共时两个维度考察大学教师发展中心的组织建设现状以及演变历程，把大学教师发展中心组织变革放在历史演进和国际视野中进行考察，研究方法按照方法论、研究法、具体方法技术三个层次划分。①从方法论层次来看，主要包括定量、定性、混合方法研究。定量研究主要是对大学教师发展中心组织变革可以量化的部分通过问卷调查进行测量和分析；定性研究是在获得有关大学教师发展中心问卷调查数据和描述性资料的基础上，采用演绎、归纳等推理方式对研究对象作出定性的价值判断；混合方法研究是定量与定性研究、多学科方法研究相结合的研究范式。从研究法层次来看，采取文献研究法、调查研究法和案例研究法；具体方法技术层次包括图表法、观察法、访谈法、网络调研等。

（1）文献研究法。文献研究法涉及对过往事件的追溯和解释，其目的在于通过追溯研究过往事件发生的原因、产生的结果或发展趋向，从而更好地解释目前事件的来龙去脉，预测未来发展趋势。"文献研究法"中的"文献"不同于"文献述评"中的"文献"，具体区别是："文献述评"中的"文献"主要是已经公开发表的文章或学位论文。"文献研究法"中的文献，是指记录有关知识的一切载体，包括已经发表的或未发表但是已被整理、报道过的知识及其他信息的一切载体，比如图书、期刊、学位论文、研究报告、档案、实物形态的规章制度历史文物、音像资料、光盘等电子形态的数据资料。文

---

① 叶澜.教育研究方法论初探［M］.上海：上海教育出版社，2001：14.

献是指一切用各种符号形式保存下来的、对教育研究有一定历史价值的文献
材料的统称。①

　　文献研究法作为本书的研究方法之一，并不是一种简单的收集资料的
方法，也不仅仅是为别的方法服务，而是一种独立的研究方法，既包括资料
的收集也包括对这些资料的分析并得出结论。文献研究法不与研究对象直接
打交道，而是间接地通过各种文献获得信息。②本书以国外典型高校教师发
展中心及我国"双一流"高校教师发展中心为主要研究对象，不仅需要分析
网页呈现的大学教师发展中心组织的有关信息、组织制度文件、组织机构设
置、大学教师发展中心的年度工作总结报告，还需要通过去图书馆、档案
馆、校史馆、教育行政管理部门查阅资料，以及利用互联网等现代化信息技
术手段，多渠道地广泛收集和查阅国内外有关大学教师发展中心组织建设方
面的文献资料和政策性文件。通过分析和整理这些文献，在微观层面对大学
教师发展中心的组织特征进行比较深入细致的分析和描述，为大学教师发展
中心组织变革的理论分析奠定基础。

　　（2）调查研究法。调查研究法是通过问卷调查、访谈观察以及测验等
手段搜集一手资料，以验证前提假设或发现现实问题的研究法。通过实地考
察体验、开放式访谈、参与式观察等掌握第一手资料，了解和掌握当前有关
大学教师发展中心组织建设的现状，并进行问卷调查研究，以期获得当前我
国大学教师发展中心组织建设的现实情况，探寻大学教师发展中心建设的有
效路径。调查采用自行编制的问卷，调查对象为大学教师或行政工作人员。
问卷调查旨在了解大学教师发展中心的基本设置情况，以及被调查者对大学
教师发展中心的工作目标、组织文化、组织结构与未来发展设想等问题的看
法。借助问卷星在线问卷调查平台进行网络问卷调查，调查样本包括国家级
大学教师发展示范中心和非大学教师发展示范中心，覆盖不同办学层次和办
学类型。

---

① 杨小微. 教育研究的原理与方法［M］. 上海：华东师范大学出版社，2010：220.
② 杨小微. 教育研究的原理与方法［M］. 上海：华东师范大学出版社，2010：219.

（3）案例研究法。案例研究法是指研究者选择一个或几个案例为对象，系统地收集数据和资料，通过对单个案例的不同角度或多个案例的同一角度进行深入剖析，以便探究运行规律或分析问题根源。本书选取密歇根大学、哈佛大学、斯坦福大学、我国国家级大学教师发展示范中心等为案例研究对象，从组织变革理论视角入手，基于大量一手档案资料与访谈资料讨论大学教师发展中心的组织文化与组织结构，考察其运行状态以及各个阶段组织环境、组织文化、组织结构、组织目标等方面，进而对大学教师发展中心的运行规律进行分析，总结大学教师发展中心运行和发展的经验与教训，为我国大学教师发展中心的组织变革提供借鉴。大数据背景下的大学教师发展中心组织变革研究，聚焦本土化问题成为新的研究取向，这意味着我们大学教师发展中心组织变革的研究，需要在国际性与本土化之间寻找大学教师发展中心组织变革的平衡点与融合点，不仅要深度挖掘和收集一手资料，更要重点聚焦本土化问题的解决方案和展望，还要注重归纳和展望我国大学教师发展中心的形成路径和运行机制。

# 第一章
## 理论基础与分析框架

　　人是文化的产物，具有一定的社会历史性，中世纪以来，科学研究已成为大学的一项重要职能。大学职能的发展演变反映了客体满足主体需求的过程，反映了主体是否意识到客体的某些价值属性受到"时空维度"的制约。大学建立在学科基础上，学科与大学职能的关系密不可分。大学学科不是虚无的存在，它附着于人，主要是教师和学生。每个大学教师在学校中都不能离开学科而存在，学科知识是每个教师都必备的基本素养，是大学教师学术职业发展的重要方面。教师和学生作为主体，具有主观能动性，大学教师发展中心是大学教师学术职业发展的助推器和加油站。因此，研究大学教师发展中心的组织变革，学科分化与教师学术职业发展是大学教师发展中心组织演变的基本动因。大学教师发展中心组织根据其内部条件和外部环境变化，适应组织生存竞争与创新发展需要，以改善和提高大学教师发展中心的组织效能或组织有效性为根本目的，理性渐进地改变大学教师发展中心的组织结构和组织文化。本书对大学教师发展中心组织变革理论进行梳理，期望从国内外代表性成果入手，抽取核心要素，为理论分析框架奠定基础。

# 第一节 学科分化与学术职业

学科随着知识总量增加出现分化，近代意义上的学术职业随着学科分化而得以确立，19世纪60年代开始，大学组织和教师按照学科来编制，学科规定了学术职业的工作范围。本书所指的学科分化与学科综合，在不同场域，学科含义有所不同，并不单纯把学科看作知识体系或组织单元，从研究学科分化与学术职业之间的关系入手，学术职业形成过程中通过汲取学科的内在逻辑，促使大学向偏重研究的方向发展。从学科的内在逻辑看，大学学科分化与学科综合，不仅对科学研究、教学学术以及服务社会作出贡献，而且对学术职业的发展也能起到推动作用。

## 一、学科分化

知识在短时间内急剧膨胀，促进了学科的繁盛。学科缘起于持续的知识生产创新和积累，现代意义上的学科是知识生产演化和制度化建构的产物，经过制度化建构的学科会随着知识急剧膨胀而突破既有框架体系，继而推动新学科的生成。从内生逻辑看，学科体系建设不是一个目标，而是为知识生产和创新进行服务的途径和手段。大学的组成要素是多方面的，但学科是大学的细胞，没有学科的发展就不可能有大学，也不可能有学术职业的建立。学科分化与学术职业发展是大学教师发展中心组织演变的基本动因，知识活动和思想自由是大学教师发展中心组织动态变化生成的必要条件，学科知识内部矛盾运动是刺激大学教师发展中心组织动态更新的内在动力，大学教师发展中心组织变革是寻求知识逻辑与社会逻辑相统一的过程。

### 1. 学科的内涵

学科作为知识分类的单位，并非大学所独有，通常有三种含义：一是相对独立的知识体系，认识论意义上的学科。例如，根据《朗文现代英语词典》（*Longman Dictionary of Modern English*），学科是指大学的某一知识领域，如化学、历史、数学。二是科学领域或一个科学分支，社会学意义上的一门学科。强调学科本身"包含着对人的培养，特别是具有强制性的规范和塑造"。福柯（Foucault）则强调规训意义上的学科，是"生产论述的控制系统"。三是高等学校教学、科研等的功能单位，即强调学科是联系学科成员的组织方式，是组织学意义上的学科。

综上所述，大学学科作为大学实现其职能的核心载体，其内涵主要表现为三种形式：根据人才培养需求组织专业知识体系；根据科研发展需求构建知识范畴；根据社会服务需求划分工作领域。大学是建立在学科基础上的，大学的各个学科知识体系之间有明确的疆域，不可替代。

### 2. 学科组织化

学科是科学领域的总称，是按照学问性质而划分的知识门类，是一个相对系统、完整、独立的知识体系。专业是指高等院校和中等专业院校中，根据社会职业分工、学科分类、科学技术与社会发展需要而设置的学业门类。学科是院校教育的基本单元，是规划人才培训任务、确定课程体系、组织实施教学的基本依据。广义的学科专业把两者作为一个整体来考虑，专业的划分以学科分类作为基础，学科建设为专业结构的重构奠定了基础，专业结构调整促进知识更新和扩展，优化学科结构。

学科的组织化是大学学科的主要外显形式，是学科分化的基础。大学学科附着于人，主要是教师和学生。通常情况下，在大学里面，不可能存在没有教师的学科和没有学科的教师。大学教师体现大学学科，学科通常由一组教师组成。大学为了有效地组织开展知识活动，往往围绕学科设置系（部）、研究室、研究所和实验室等。大学学科疆域过度孤立和分散，容易导致学术视野狭窄，知识链接不畅。

### 3. 学科综合

学科综合是当前科学技术发展的重大特征，是新学科产生的重要源泉，是培养复合型创新型人才的有效路径，是社会发展的内在需求。

学科综合方式主要有四种：首先，通过移植和借鉴相邻学科理论或概念，采用相邻学科的部分研究方法，形成学科之间的交叉和综合；学科交叉不等于交叉学科。第二，将两个以上的学科相互交叉或者渗透，形成基于原先优势学科基础的新学科；学科建立有其自身规律，需要知识分化融合并形成相对独立的人才培养体系，能够适用于规模化，规范化培养人才。第三，为了解决现实问题，将两门或者两门以上学科的相关知识整合，形成一门新学科，即交叉学科。交叉学科是在学科交叉的基础上，通过深入交融，创造一系列新的概念、理论、方法，展示出一种新的认识论，构架出新的知识结构，形成一个新的更丰富的知识范畴，已经具备成熟学科的各种特征。第四，它是一门新的学科，是对两个或两个以上学科的一些共同特征的抽象概括。总体而言，该学科的发展经历了简单综合、分化和高分化三个阶段，呈现出螺旋式的发展趋势。

大学的学科组织是有序的，遵循着高等教育和知识活动的规律。大学教师发展中心作为学术共同体自组织，其存在形式与学科的分化和综合密不可分。当学科组织化、学科分化趋于显著时，大学教师发展中心组织呈现分化趋势，大学教师发展中心的职能就会弱化；如果学科发展综合趋势越来越明显，大学教师发展中心的组织内部就更容易出现跨学科合作，或者出现新的跨学科组织，大学教师发展中心的作用就会增强。学科分化与学科综合是大学知识活动创新发展、充满生机的重要动力来源，对进一步分析大学教师发展中心作为学术组织的发展与组织变革动因具有重要意义，学科知识的内部矛盾运动是激发大学教师发展中心组织动态更新的内在动力。

## 二、学术职业

学术职业是指围绕知识材料进行的学术工作。德国学者马克斯·韦伯（Max Weber）最早提出学术职业，近代意义上的学术职业在19世纪后半期到20世纪建立起来，学科随着知识量的增加而趋于分化，大学组织和教师按照学科来编制，学科使学术职业得以确立，学科规定了学术职业的工作范围。

### 1. 学术职业的特殊性

大学教师无论是教学、科研还是服务社会，都是围绕知识材料进行的学术工作。大学教师作为一种特殊职业，与其他职业不论是在工作方式、职业文化还是在培训方式上，都存在很大差异，具有一定特殊性。学科知识的分类导致学术职业内部呈现很强的分离性，不同学科有自己的规训制度。1990年，美国学者欧内斯特·博耶（Ernest L. Boyer），采用一种新的方法来构建新的学术共同体，认为应该超越教学与科研孰重孰轻的争论，对"学术"进行重新界定，指出学术职业包含发现、综合、应用和教学这四个相互联系的方面，体现了学术职业的四个方面的内涵：探究的学术（Scholarship of Discovery）、整合的学术（Scholarship of Intergration）、应用的学术（Scholarship of Application）、教学的学术（Scholarship of Teaching）。探究的学术是通过科学研究不断发现拓展新知识领域，这是学术职业的核心和基础。整合的学术强调整合不同学科，促进跨学科研究和对话，在更宽广的学科视野从事研究，发挥学科集群优势。应用的学术提倡理论与实践相结合，是应用知识的学术。教学学术是传播知识的学术。美国学者博耶认为，大学教师的学术职业应该包含学术职业发现知识、综合知识、应用知识和传播知识四个方面的学术水平。他认为"教学学术研究，包括研究教师如何熟悉本学科领域的教学理论及文献资料；如何对教学理念及自身教学实践进行反思和交流；如何具备良好的专业知识和专业技能，如何在教学研究、合作交流、反思实践中提升发现、综合、应用的能力，如何形成良好的协作创新能力，提升持续的学习和研究能力等"[①]。

大学教学应该从目前孤立分散的个人实践变成大学教师学术共同体的共

---

① ［美］欧内斯特·博耶（Ernest L. Boyer）. 学术的反思——教授工作的重点领域
［R］. 丁枫，岑浩译. 卡内基促进教学基金会里瑟奇智库，2015（17）：53.

同钻研领域，为持续提高本科教学质量奠定基础。斯坦福大学教授舒尔曼则在理论和实践两方面发展了"大学教学学术"理念。大学教学学术是鼓励大学教师用学术的态度和方法，在自己所教课程中开展行动研究。舒尔曼教授从1998年起就领导卡内基基金会开始探索、试验、倡导大学教学学术理念，如今已获国际学界的广泛认同，成为大学教学学术研究的中流砥柱。舒尔曼教授主张，所有大学教师都应该以自己所教课程为研究对象，根据科学原理和有效实践经验设计自己的课程教学，用学生学习效果来检验课程教学设计的合理性和有效性。赵炬明教授九论"以学生为中心"的本科教学改革，提出"要让以学生为中心的改革和大学教学学术发挥作用，就需要大规模培训教师，让更多教师掌握以学生为中心改革和大学教学学术研究的理念和方法，"[①]这就是为什么以学生为中心的改革和大学教学学术总是携手并行，并成为当前大学教师培训主要内容的原因。以学生为中心的改革越发展，大学教师培训越重要，大学教师发展中心组织变革也越具有现实意义，目前大学教师发展中心已经成了美国高校的标准设置。

"互联网+"时代背景下的大学教师发展中心组织，通过对美国学者欧内斯特·博耶（Ernest L. Boyer）学术职业内涵的重新审视，创见性地吸纳了"教学学术"这一概念，为组织变革提供了源源不断的价值创造源泉。新型冠状病毒感染疫情背景下的"互联网+"时代的线上课程，使传统面授课程的知识传播方式受到冲击，"互联网+"本质上是一场深刻的以人为本的革命，是组织与人的关系重构。欧内斯特·博耶把传播知识的学术称为教学学术，教学支撑着学术，通过综合性学术，将不同学科之间联结，增强跨学科之间的对话与融合，充分发挥跨学科的综合优势，这也是大学教师发展中心作为自组织发挥学科集群优势的职能之一。应用的学术是为了避免教育理论与教育实践脱节，这是大学教师发展中心组织关注和追求的目标。

---

① 赵炬明. 领导改革：SC改革的组织与管理——美国"以学生为中心"本科教学改革研究之九［J］. 高等工程教育研究，2021（04）：8-22.

### 2. 学术职业的制度化

学术职业在大学教师发展中心组织场域的制度化建构，既代表了大学教师发展中心组织内部在隶属关系、机构设置、组织文化等方面的组织变迁，又代表了大学教师发展中心组织由他组织向自组织的根本转变，因而具有组织变革和制度变迁的双重属性。学术职业制度化包括理论和实践两个层面（即静态和动态）：学术职业在大学教师发展中心组织中应实现以何种制度架构为预期目标的制度化？又该如何实现这种制度化？按照新制度主义的话语体系，前者追问的是大学教师发展中心在完成教师学术职业制度化之后应该形成什么样的制度模式，达成何种制度状态，这反映了静态意义上的学术职业制度化内涵。后者追问的是该如何实现学术职业在大学教师发展中心组织中的制度化进程，体现了动态意义上的学术职业制度化内涵。

因此，依据组织新制度学派的理论，对学术职业在大学教师发展中心组织中的制度化建构问题的理论分析，可以从两个层面展开：一是静态的大学教师发展中心学术职业制度化层面，侧重设计出科学合理的大学教师发展中心的制度架构、规则体系和运行机制。二是动态的大学教师发展中心学术职业制度化层面，主要基于制度环境、制度性行动者、制度化过程等理论，主张建构一套具有现实针对性和可操作性的大学教师发展中心学术职业制度化建构的行动路径。

# 第二节　组织变革理论

大学教师发展中心的运作和管理遵循组织的一般特征。组织作为要素之间有序耦合或协调的系统，也可以被看作一种有序结构形成的过程。德国物理学家哈肯（H. Haken）是协同学创始人，他从组织演化出发，将组织分为

"自组织"和"他组织"。自组织是指内部各要素根据一定规则实现运作协调,自发地由无序向有序转变。他组织主要依靠外部的命令或外部控制来调节,从而实现结构有序。大学教师发展中心的自组织程度和状态,决定了其整体运行效率和生存发展能力,只有不断进行职能改革和动态更新,大学教师发展中心组织才能更有效地面对来自内部和外部的环境挑战。高度自组织化的大学教师发展中心更容易达成理想运行状态,竞争优势更明显。

## 一、自组织理论

自组织理论起源于20世纪60年代末,主要探索生命和社会等复杂的自组织系统,研究自组织系统如何在特定条件下从无序到有序、从低序到高序等自发发展的逻辑问题。

### 1. 大学教师发展中心自组织理论的构成要素

自组织并不是一个完全创新的概念,最早能在系统理论中找到其痕迹,自组织作为复杂系统的基本属性而存在,是耗散结构理论和涌现理论的核心概念。大学教师发展中心自组织理论包括三个构成要素:耗散结构理论、协同学、突变论,如图1-1所示。①

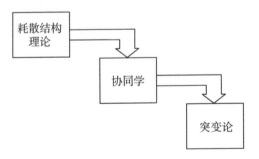

图1-1　大学教师发展中心自组织理论的构成要素

耗散结构理论主要研究大学教师发展中心组织内部、外部物质和能量之间的交换,以及交换对大学教师发展中心的自组织系统所造成的影响。协同

---

① 杨家诚. 自组织管理［M］.北京:人民邮电出版社,2016:3.

学主要研究大学教师发展中心组织中各要素，通过协同运行机制促进大学教师发展中心自组织从混沌无序到有序结构的过程。突变理论关注的是大学教师发展中心组织从旧稳态到新稳态的过渡，它不是一个可以预测或设定的渐进过程，而是大学教师发展中心组织内外许多非线性因素综合影响的结果，具有无限的可能性。

### 2. 大学教师发展中心自组织的基本特征

"自组织"具有复合词性，它既有名词词性，也有动词和形容词词性。大学教师发展中心自组织，是指大学教师发展中心组织系统的内部有序结构，或者大学教师发展中心组织有序结构形成的过程。大学教师发展中心自组织系统是自然形成的，没有外力干预的情况下，自组织系统内部的某些变量，逐渐由无序排列发展为有序排列，成为新的自组织。具体来说，大学教师发展中心自组织的五个基本特征：整体大于其部分之和、分布式控制、变化由底层、局部和边缘开始、非线性和突变型演变轨迹、能够进行自我修复和演化，[①]如图1-2所示。

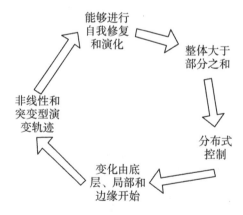

图1-2 大学教师发展中心自组织的基本特征

通过大学教师发展中心组织体系的自组织整合，使大学教师个体形成互助协作、共赢的关系，使大学教师个体相互捆绑，产生单个教师或者通过个

---

① 杨家诚.自组织管理［M］.北京：人民邮电出版社，2016：8.

体简单叠加无法实现的效果，大学教师发展中心自组织系统，通过调控实现"1+1>2"的合作共赢态势效果。

分布式控制要求大学教师发展中心去中心化，改变一个主控中心的控制模式，实现对大学教师发展中心组织的多中心分散控制，即形成自组织。一个自组织就是一个相对独立主体，它可以自我控制，适应环境变化，利用自身完整的机制来自我修复和自我成长。分布式控制不是将大学教师发展中心组织内部割裂和分离，不是将大学教师发展中心组织的内部进行互不相干的简单排列，而是在组织内部的各个单元之间协同作用，呈现出复杂立体的自组织网络结构。

分布式控制的大学教师发展中心自组织，其变化通常由底层、局部和边缘开始，微小的底层量变会引发系统巨变，并且具有非线性和突变性的特征，自组织与外界保持开放状态，能够进行自我修复和演化。

### 3. 三种常见的自组织治理模式

自组织不仅是组织过程，也可以看成大学教师发展中心的治理方式。根据大学治理理论，大学教师发展中心自组织治理模式主要分为：自上而下的管理层级制、市场制；因情感、共同理想和共同兴趣而团结起来形成的自组织制。[①]如图1-3所示。

层级制

市场制

自组织制

图1-3 三种常见的自组织治理模式

---

① 杨家诚.自组织管理［M］.北京：人民邮电出版社，2016：26.

层级制管理离不开大学教师发展中心的科层服务，以及大学教师发展中心自组织内部的命令系统，在这种治理模式中，大学教师发展中心成员的身份是集体化的，需要遵循内部自上而下的权力逻辑。层级制管理需要建立一套自上而下的大学教师发展中心科层体系，会产生较高的管理成本。

市场制指大学教师发展中心组织的教师依靠自由竞争，自主选择合作伙伴，遵循相应的合约以及合作规则，每个教师都掌握一定的自主权。

自组织制需要大学教师发展中心的成员之间的相互合作，成员是志愿性的，遵循关系逻辑，权力是自下而上组织起来的。大学教师发展中心自组织形成和发展的关键是信任关系，而大学教师发展中心关系的建立和维护会产生一定的关系成本。大学教师发展中心自组织模式通常具有共同目标、分工协作、自我管理等鲜明特征。

信息技术发展推动自组织管理热度的高涨，同时也为自组织理论赋予了极强的实践意义。自组织模式最初运用于企业管理内部，比如我国海尔集团内部创客式的组织变革很好地体现了自组织的理念，Uber和华为等企业也有自组织团队。它们拥有一些共同的特性：自组织团队成员协作互助，拥有共同目标，在不违背企业整体发展战略的前提下，朝着团队制定的目标不断前进。

大学教师发展中心自组织治理模式变革，需要适应新时代的发展需要，对大学教师发展中心管理思维、管理架构等方面进行自组织化转型重构，比如，对教师充分授权，激发他们的自主性和创新性，让教师自我管理、自我约束、自我激励，使每个教师都将组织的事情当成自己的事情，从而极大地增强教师的内驱力和工作热忱，为大学教师发展中心组织创造出更多价值。

### 4.自组织环境形成的四个条件

自组织环境形成包括四个条件：开放性、非线性作用、远离平衡态、涨落。如图1-4所示。

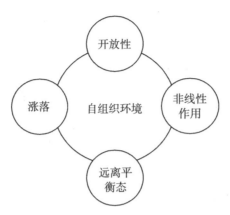

图1-4　自组织环境形成的条件

在信息极其丰富的大数据时代，大学教师发展中心应该保持开放性，对不断变化的外部环境保持敏感性，在人力资源、信息资源等多方面与外部环境进行交互沟通。大学教师发展中心作为大学人力资源的一部分，若想在快速变革的大数据时代站稳脚跟，也需要增加新的信息、知识、能力、模式，使大学教师发展中心和教师自身始终能够紧随最新的发展趋势。反之，大学教师发展中心就会成为一潭死水。非线性机制下的大学教师发展中心，通过协同运作实现组织目标。只有当大学教师发展中心的组织要素远离平衡态，才能推动系统与内外环境进行交换，形成新的稳态结构，实现大学教师发展中心组织的相对稳定和可持续发展。

弗里德曼（Friedman）曾指出："跨学科研究组织仍然需要科层制度，向上接受上一级的协调与领导，向下指导和控制项目研究方向，因而具有科层制的合法权力。"[①]大学教师发展中心组织不仅有效打破了传统学科院系组织之间的壁垒，促进不同学科、不同院系部门的教师之间广泛联系接触，实现跨学科交流互动，与传统院系部门之间保持动态平衡，同时也为院系之间开展跨学科活动提供了组织平台支撑，大大提高了跨学科组织管理的效率。

---

① 蒋家琼，张玲.美国一流大学跨学科集群教师管理制度及启示——以威斯康星大学麦迪逊分校为例［J］.湖南师范大学教育科学学报，2020，19（04）：119-124.

大学教师发展中心采用灵活多样的跨学科交流方式，克服传统的"学科—院系"结构，远离封闭性与排他性。大学教师发展中心通过举办一系列的论坛、合作沙龙、讲座、研讨活动，支持跨学科教师通过大学教师发展中心自组织开展高层次、跨学科领域的教学和研究工作，并在跨学科合作中找到成就感和归属感。大学教师发展中心通过建立激励机制，解除大学教师们参与跨学科活动的顾虑和担忧，促使跨学科组织健康可持续发展。大学教师发展中心完善评价激励机制，逐步形成定量与定性相结合、自我评价与同行评价相结合、单一学科与跨学科相结合的大学教师评价模式，完善大学教师教学、科研、服务社会的各种绩效评价标准，消除大学教师参与大学教师发展中心跨学科活动的后顾之忧。

## 二、去中心化

组织变革的发展方向是非核心的、去中心化的自组织管理模式，教师自主管理是大学教师发展中心的努力方向。大学教师发展中心作为一个组织，在彼此关联的生态组织系统中，不一定每个人都是核心，但是每个成员都可以成为中心，而每个中心都有创造较大价值的可能性，所以大学教师发展中心既要重用核心人才，也要关注非核心人才，两者之间能量动态转换才是教师资源共享、良性发展的表现。尤其是在教育部"四新"建设背景下，需要突破学科疆域，选择性地汲取交叉学科养分，对多学科知识与方法进行整合。提倡"四新"，促进学科融合，突破学科疆界，以集群学科的力量或者多学科方法开展研究，有利于系统解决复杂问题，是科技创新的重要途径。大数据时代更看重人的能力和价值，信息技术革命使各种组织呈现出扁平化和流程化的发展趋势，大学教师发展中心作为学校内部的组织形态，也要极大释放人的价值和创新能力，借助组织平台的各类资源来放大效益。

传统管理理论基于"理性人""经济人"的假设，将组织视为一台机器，个人则是这台机器中的标准化部件。组织的管理者青睐于通过标准化、规范化的自上而下的控制，将复杂的管理工作简单化，即对组织机构、绩效管理、职能需求、薪酬结构等各方面的内容进行可量化的标准化建设，这种标准化的管理模式在过去推动了组织的成功发展。然而在大数据时代，组织的外围环境已经发生了深刻变革，信息资源的丰富和共享便利使人们随时可以获取需要的知识和技能。个人不是手段，而是最终目的，更加注重个人价值归属、情感互动和个性的彰显；外部具有高度不确定性、创新性的组织形态不断涌现，组织竞争愈发激烈，形成了基于复杂多变系统环境的去中心化的自我管理、自我学习、自我激励、自我控制的自组织模式。

自组织模式充分尊重组织成员的个性化价值和特质，去中心化意味着组织不是由标准化的"理性人"组成，而是一个在多元化、异质性元素的有效交互下形成的动态复杂系统。该动态系统在成员自组织管理的基础上，借助共享的使命、价值等内容达成组织整体的协同，并通过基于组织成员的流程管理实现组织的价值创造。

大学教师发展中心作为学术共同体自组织，去中心化需要结合复杂性管理理论，对组织成员充分授权，给予组织成员极大的自主性和创造性空间，让组织成员自我管理、自我约束、自我激励，使每个人都将组织的事情当成自己的事情，从而极大地增强教职员工的内驱力和工作热忱，为大学教师发展中心的组织发展创造出更多价值。组织规模越来越小型化，正如传统的家庭作坊、小卖部、个体户有其自主的运作逻辑一样，未来的大学教师发展中心组织形态也将以"小而精""小而美"的学术共同体为主，不需要特别多的专门管理人员，大学教师发展中心组织内的每一位成员都能对外部环境和组织成员的需求做出快速反应，自我管理、自我决策、自我鼓励和自我负责。大学教师发展中心的成员，也将分解为自组织学术共同体团队，具有学科（或专业）敏感性和灵活应变性，从而实现决策与执行的有效融合。

随着去中心化的自组织管理的逐渐兴起，未来大学教师发展中心的组织结构和管理形态将发生重大变化：一方面，组织扁平化、网络化的结构形态将大幅缩减内部的管理职位，去中心化对层级领导的需求不断减少；另一方面，随着管理知识和技能的普及，以及信息的透明化、实时化和互动化，决策与执行将融为一体，每个组织成员都将实现自我管理、自我决策、自我负责，而不再需要特别多的专门管理人员。这并不意味着管理人员将无用武之地，相反，他们将基于自身专业化的管理经验和优势，在自组织团队中扮演搭建去中心化自组织平台的角色或者作为资深专业人士从事咨询服务的角色。自组织以小组织、大功能的形式探索决策与执行有效融合的具体模式和方法，构建"无为而无不为"的自组织管理系统，从而提升大学教师发展中心的同行竞争力与可持续发展能力。

### 三、组织变革和组织转型的关系

组织变革是指依据组织外部环境和内部条件变化，适应生存竞争与创新发展需求，以改善和提高组织效能为根本目的，理性地改变组织内部结构，转换组织功能和方式、重塑组织文化的过程；也有学者认为，组织变革可以是组织内部单个要素或者多个要素的变革，也可以是局部或整体的变革，但只有在整体层次上的变革才是一种转型，是一种动态的行为或能力的改进过程。

组织转型是指在原有组织形态的基础上，对原有组织形态进行内部变革，转化为新组织形态，既可以看作是一种过程，也可以看作是一个结果，作为一个过程的组织转型具有不确定性，因此组织转型并不必然带来良性的结果。

组织变革和组织转型之间既有联系，又有区别。组织变革是组织发展过程中的转折点，是必要条件，是没有脱离变革的转型；另一方面，组织变革积累到一定程度，量变产生质变，会发展成组织转型，组织转型是组织变革的必然结果。

## 第三节　分析框架：组织文化与组织结构

大学教师发展中心具有特定组织属性，影响着组织文化和组织结构。

组织属性有本质属性和非本质属性的区别，本质属性反映事物的根本性质，失去这种性质，某事物就不再是它本身而变成其他事物，不体现事物本质特征的属性被称为非本质属性。"组织文化是组织成员所共有的一套稳定的价值观、信念、实践和行为准则的总和"。①组织文化是一个组织传承的精神基础，它不仅在组织中形成、发展和继承，而且对组织产生影响。"组织结构是为了实现组织的目标，使组织各部分在组织活动中有序地分工，有机地配合，从而确定的关于组织各部门职能层次、组织模式和制度设计的制度体系。"②大学教师发展中心组织在"组织属性—组织文化—组织结构"所定义的大学教师发展中心组织中持续互动，形成大学教师发展的独特组织文化，组织文化又反过来潜移默化地影响着组织功能和组织结构，这几个要素通过内在逻辑关联涵盖贯通大学教师发展中心组织属性的所有特征，最后形成大学教师发展中心的学术共同体自组织。

## 一、 组织属性

大学教师发展中心作为大学教育教学质量保障体系的组成部分，在国外已有60多年的历史，在我国起步较晚。2012年我国推出各项政策支持，建立了30个国家级教师发展中心，在其示范和引领下，全国几乎所有高校都陆续建立了大学教师发展中心，呈现出蓬勃发展的景象。但是大学教师发展中心的组织定位不明确，其组织属性也具有不确定性和模棱两可性，大学教师发展中心并非大学的中间性层级组织，它不是介于大学组织内部的学校、学院或系级单位的中间组织，也不同于基层教研室组织。

大学教师发展中心具有人本性、学术性、支持性等独特属性，大学教师发展中心在高等教育发展中作为一个新兴事物，其定位、内涵与功能等仍在不断发展与深化。大学教师发展中心的组织属性不是单一的，而是一个由人本属性、学术属性和支持属性共同构成的属性体系。大学教师发展中心组织

---

① 武立东.组织理论与设计［M］.北京：机械工业出版社，2015：121.

② 武立东.组织理论与设计［M］.北京：机械工业出版社，2015：31.

的人本属性、学术属性和支持属性之间是三重螺旋的循环关系，它们彼此影响、互相依存，共同构成大学教师发展中心组织的本质属性，使大学教师发展中心组织区别于其他组织机构，三者缺一不可。

一是人本属性。这是大学教师发展中心的根本属性。大学教师发展中心作为促进教师专业发展的学术组织，不是纯粹的行政机构，也不是纯粹的学术机构，而是兼具行政机构和学术机构的性质。大学教师发展中心的人本属性决定了其必然要以教师为本，这是大学教师发展中心组织得以存在的基础。在绩效管理、行政制度和组织文化氛围下，大学教师的本体地位弱化，大学教师发展中心要改革和优化教师服务体系，切实贯彻以教师为本理念，激发教师教学创新、学术创新的内在动力，这是大学教师发展中心组织变革的当务之急，也是大学教师发展中心的根本组织属性，是真正推进大学教育教学质量提升的关键所在。

二是学术属性。这是大学教师发展中心的本质属性。大学教师发展中心组织是一种文化存在，具有高度分化和低度整合的特点。大学教师发展中心组织以学术属性为基础，以大学教师发展中心组织的文化整合机制为治理取向，着眼于组织文化重塑，坚持学术职业制度化建构与组织文化的有机融合，协调大学教师发展中心组织的行政属性和学术属性之间的关系，重点营造有利于树立现代大学教师发展中心的组织文化环境，创建拥有共同组织目标和组织文化的自组织学术共同体。大学教师发展中心是为教师及其教学提供服务，对教与学中存在的问题、发展趋势进行研究，以便更好地为教师服务的教与学研究中心，是基于共同发展愿景和组织目标的学术共同体，将那些分散在各个基层教研室学术组织、相互隔离、疏远的教师个体，组织成为自组织学术共同体。

三是支持属性。这是大学教师发展中心的核心属性。与传统的教研室或院系组织不同，大学教师发展中心组织是专业服务组织。大学教师发展中心的职能定位不能扩大化，大学教师发展中心的组织功能切忌万能化，大学教师发展中心不能解决高等教育教学质量的所有问题。保障和提升高等教育教学质量需要多方面的建设和努力，大学教师发展中心只是其中一个专职辅助支持机构。大学教师发展中心组织不同于院系的基层教研室，院系基层教研室是以学科为单位的组织形式。大学教师发展中心组织专注于教学与学习问题，能够以项目制管理方式，吸纳更多的大学教师参与教与学的研究，为大学教师参与跨学科研究提供合作交流平台。大学教师发展中心组织配有专职人员，有专门的项目、单独预算，能提供专业的教学和科研平台支持，开展教师个体所不能开展的各种教学和科研促进活动。如果简单地将大学教师发展中心作为教师教学培训组织，那么，大学教师发展中心将沦为以往的师资培训中心。就目前来看，大学教师发展中心组织不仅是专业服务组织，还是教与学研究中心，更是学术共同体自组织，为教师发展提供组织支持属性，这是大学教师发展中心的核心属性。

## 二、组织文化：竞争环境VS战略使命

依据组织文化的定义，大学教师发展中心的组织文化主要概括为三个方面，即组织精神、组织价值观和组织形象。组织形象是大学教师发展中心组织文化的表层反映，组织精神和组织价值观是其深层次内涵，组织形象折射了组织精神要素以及组织价值观要素。大学教师发展中心组织文化的实质是一种"软管理"，价值观是组织文化核心部分，人本文化是大学教师发展组织文化的中心，任务是增强组织的凝聚力。组织文化具有内部调整与外部适应两种功能。

大学教师发展中心组织文化的形成，通常需要具备两个条件：一是外部适应，二是内部整合。只有与组织战略和竞争环境相匹配的大学教师发展中心组织文化，才能提高组织行动效率。从竞争环境和战略使命两个维度分析，大学教师发展组织文化构成了适应型、使命行型、团体型、行政机构型四种类型，具体分析见第三章。

适应型文化的特点是大学教师发展中心组织战略外部聚焦且环境灵活性高，需要加大变革力度适应外部环境的变化，同时提高自身灵活性，鼓励变革、风险及创新。使命型文化以完成组织使命、实现组织目标为目的，是一种结果导向型文化，具体表现是组织战略聚焦外部，环境具有高度稳定性。

团体型文化要求团队能迅速应对外部环境的变化，做出相应反应，高度重视组织成员的积极参与，其特点是战略聚焦内部，能灵机应变适应环境。行政机构型文化具有战略内部聚焦的特点，这种组织文化具有非常稳定的外部环境，强调内部成员行动的一致性。行政机构型文化认为个人因素并不重要，鼓励理性行为，强调组织的高度整合和统一，个人与组织行政机构型文化认为的一致性以及成员之间的沟通与合作才是最重要的。

上述任意一类组织文化，只要与相应的战略匹配、与环境相适应，都是积极有效的组织文化。没有孰优孰劣高下之分，只要组织文化能够与大学教师发展中心的环境和战略相匹配，就是优秀的大学教师发展中心组织文化。大学教师发展中心组织文化的内容可分为两部分和三个层次：显性部分，包括显性物质形式；隐性部分，包括共同价值观、基本隐性假设。

### 三、组织结构：丹尼森组织模型特征

组织结构按照纵向和横向结构进行划分，纵向的组织结构指组织管理的层次、职权层级的数量、指挥链的层级，也就是说，组织中自上而下的管理权力层次数量。横向的组织结构指组织控制幅度，即管理人员能够有效直接管理与控制的下属数量。按照组织的管理层次与控制幅度之间的互动关系，我们将组织划分为高耸式与扁平式，如图1-5所示。

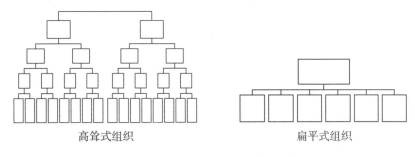

高耸式组织　　　　　　　　　扁平式组织

图1-5　高耸式组织VS扁平式组织结构

高耸式组织与扁平式组织的特征、典型结构、优点和缺点，如表1-1所示。

### 表1-1　高耸式组织结构VS扁平式组织结构

| 组织结构形式 | 高耸式组织结构 | 扁平式组织结构 |
|---|---|---|
| 特征 | 权力相对集中，管理层级较多，控制幅度偏小 | 权力相对分散，管理层级较少，控制幅度偏大 |
| 典型结构 | 直线职能制 | 流程型、网络型 |
| 优点 | 组织层级比较清晰、职责明确，稳定性较高，有利于集中管理和控制 | 管理层级少、管理费用和损耗低、信息传递快；迅速适应外部环境变化，并做出反应 |
| 缺点 | 管理层级多、管理费用和损耗高、信息传递慢；不能快速适应外部环境变化，整体反应比较迟钝 | 控制幅度大、同层级之间协调难度大、工作任务重；要求员工具有较好的主观能动性和较高的能力素养 |

组织结构的三要素包括隶属关系、部门化以及协调机制。组织中的隶属关系是指挥链，包括权力层次和级别数量以及主管的控制幅度。部门化指员工隶属关系与工作职责范围相结合，形成不同的工作岗位的集合。协调机制旨在确保部门间的沟通、协作和能力整合。其中隶属关系和部门化在纵向层级上决定了组织的结构框架，横向层级决定了组织成员之间的相互作用关系，协调机制决定了成员之间的横向互动。

组织结构主要划分为职能型、事业部型和矩阵式三种组织结构方式。部门组合方式，如表1-2所示。①

### 表1-2　部门组合方式

| 组合方式 | 部门特征 |
|---|---|
| 职能型组合 | 执行相似职能、工作流程或提供类似知识和技能的员工群体 |
| 事业部型组合 | 根据人们生产的产品进行分组 |
| 多重型组合 | 组织内部采用两种或以上结构的组合形式，包括矩阵结构或混合结构等 |

---

① Daft R L. Organization Theory and Design［M］. South-Western，2007：100.

续表

| 组合方式 | 部门特征 |
|---|---|
| 横向型组合 | 组织成员围绕核心工作流程、形成闭环贯通的工作，所有参与核心流程工作的人员组合在一起 |
| 虚拟网络型组合 | 通过虚拟方式联结的共享信息、完成任务的独立组织 |

　　组织结构是在特定的组织环境下，组织内部的各个组成部分及其相互之间充分利用组织资源，最终实现组织功能的某种结构形式。组织结构理论与时俱进，不断创新和发展，对组织结构改革和发展产生了巨大影响。组织结构理论的发展脉络，如表1-3所示。

### 表1-3　组织结构理论的发展脉络

| 理论名称 | 代表人物 | 主要思想 | 述评 |
|---|---|---|---|
| 古典组织结构理论 | 韦伯、泰勒、法约尔 | 主要研究组织提升效率的方法和途径。泰勒提出了职能分工的科学管理理论，提倡组织结构的职能制；韦伯把组织结构划分为等级森严的层级结构；法约尔研究设计了直接联结上下级的组织形式，提出了直线——职能制的组织结构 | 该理论最大缺点在于没有关注到人对组织结构的重要影响，组织结构的划分过于机械。最大贡献在于体现了组织管理理论的基本原理 |
| 人际关系组织结构理论 | 梅奥、马斯洛、赫茨伯格、麦格雷戈、勒温 | 该学派运用社会学等相关理论，研究人们之间的关系，该学派重点关注人们的动机、沟通、价值观等 | 根据该理论，组织的成功需要充分考察和关注人际因素，推动了组织内部人际关系理论的研究 |

续表

| 理论名称 | | 代表人物 | 主要思想 | 述评 |
|---|---|---|---|---|
| 现代组织结构理论 | 决策组织结构理论 | 西蒙、马奇 | 西蒙认为，组织成员在做决策时会受到组织结构变化的影响 | 该理论对改变高等学校的内部组织产生了深刻的影响，在高等学校组织结构的设计中运用广泛 |
| | 系统组织结构理论 | 巴纳德 | 从社会学的角度分析了组织结构，认为组织结构是一种以人的行为为基本要素的权利和责任结构 | |
| | 权变组织结构理论 | 卢桑斯、菲德勒、豪斯 | 主要研究组织结构和环境因素的关系，认为管理理论和管理方法是环境因素的函数，环境是组织变革的主导因素 | |

　　早期探索形成的理论称为古典组织结构理论，研究者们关注组织成员的个性化需求，并利用心理学知识，解释组织变革，将组织结构理论提升为人际关系组织结构理论。随着现代学者对组织理论研究的推进，巴德纳从社会学的角度对组织结构进行了分析，认为组织结构是一种以人的行为为基本要素的权利和责任关系结构；学界整合形成了权变理论等现代组织结构理论。综上所述，组织结构理论研究的本质，在于探究组织内部的隶属关系、岗位设置和权责分工。

　　丹尼森组织模型已经广泛运用于各种组织和个人。通过运用丹尼森组织模型，对各高校的大学教师发展中心组织进行问卷调查和访谈，以了解大学教师发展中心的亚文化和组织有效性。该模型可以进行大学教师发展中心组织测评，研究提高其绩效的方法，提出完善大学教师发展中心组织的政策方案以及具体建议，为大学教师发展中心组织变革提供基础数据和决策依据。

## 四、大学教师发展中心组织变革的分析框架

### 1. 大学教师发展中心组织变革的理论界说

坚持以科学的教育理念引领大学教师发展中心的组织变革，教育理念更新是大学教师发展中心组织变革的理论先导。从认识论、系统论和实践论的视角剖析大学教师发展中心，形成大学教师发展的主体观、系统观和时空观。具体而言，从认识论的视角剖析大学教师发展的辩证统一性，形成大学教师发展的主体观；从系统论出发，剖析大学教师发展中心的有机整体性，形成关于大学教师发展的系统观；从实践论的视角展望大学教师发展中心的全程联动性而形成大学教师发展的时空观。

第一，认识论视角下大学教师发展的主体观。根据马克思主义认识论，主体是实践活动和认识活动的承担者，客体是主体实践活动和认识活动指向的对象。客体不会自动满足主体的内在需求，主体与客体之间总是存在矛盾，主体与客体是对立统一的，没有客体就没有主体，没有主体就没有客体。在大学教师发展中心开展的教育实践活动中，大学教师是培养对象，是具有主观能动性的人，大学教师的主体性在不同阶段具有不同体现。需要注意的是，大学教师发展中心教师培训活动中的客体与认识论意义上的客体有所不同，认识论意义上的客体是从人和物的关系上划分的，大学教师发展中心教师培训活动中的客体是从人与人的关系上来划分的，是从教师培训活动中的作用与反作用、培养与被培养的相互关系上划分的。一方面，大学教师发展中心教师培训活动的组织者、实施者的教育理念、培养方式、技术手段制约着大学教师发展的深度、广度和有效性。另一方面，作为有思想、有专业底蕴和独立意志的大学教师，在教师培训活动中不是完全被动的，而是具有主观能动性的个体，只有主体的培养活动与客体的成长规律相符合，才能达成培养目标，主体与客体才能协调发展。所以，大学教师发展中心的主体与客体，不是简单的我主你客、我施你受的单向关系，而是双向互动的关系。

从认识论视角剖析大学教师发展的辩证统一性，形成大学教师自主发展

的主体观。自主是人类普遍的基本需要，是自组织行为的自然倾向，自主以自由、独立、自我决定和主动创造作为基本特征。教师自主具有内在价值，不仅因为新型冠状病毒感染疫情冲击，全球化、信息化思潮的兴起、终身教育理念的推行向大学教师提出了转变角色、自主创新、促进学生自主学习的新要求，更在于大学教师作为具有较高自觉性、主动性与创造性的个体，需要经历自在到自为的转换才能激发教师自身较高水平的主观能动性，才能更好地重塑大学教师角色定位。①

第二，系统论视角下大学教师发展中心的有机整体性。从系统论的视角展望大学教师发展中心的有机整体性，形成大学教师发展的系统观。系统论认为，功能是与结构相对应的范畴，结构决定功能，功能又反作用于结构。大学教师发展中心的组织功能是系统在与外界环境相互联系和相互作用中表现出来的性质和功效。大学教师发展中心的组织功能，在系统诸要素之间进行的物质、信息和能量的交换过程中才能显示出来。大学教师发展中心的组织结构，体现了组织的内部规定性，从内部反映了组织的整体性。功能则是组织的外在表现，从外部反映组织的整体性。从大学教师发展中心在各个高校的功能定位入手分析组织结构的关系，从而更加深入认识和把握大学教师发展组织的有机整体性。

一方面，大学教师发展组织的结构和功能是系统论的重要范畴。系统是统一的，具有整体性，但这个统一的整体又是由不同的要素构成的，不同的要素具有个体性，这种系统的整体性与要素的个体性之间的矛盾，必须以结构为中介才能达成统一，才能形成整体。从这个意义上讲，组织结构赋予系统以整体性，所以认识大学教师发展中心组织单靠要素分析是不够的，还必须进行组织结构分析。大学教师发展中心组织变革，单靠组织要素更替也是不充分的，还必须进行组织结构的调整与改革，大学教师发展中心应充分关注和研究组织结构的演变。

另一方面，组织与环境方面。系统论认为，系统作为一个有组织的整

① 鲍同梅.教师自主：一种审视教师发展的视角［D］.上海：华东师范大学，2008：59.

体，总是相对独立于某个环境。把系统与环境结合考察，体现了系统论的开放性原则。开放性也是大学教师发展中心有序发展和功能优化的必要条件。根据系统论的层次原理，一个系统是由几个子系统组成的，系统与子系统的划分是相对的。这个系统不仅可以看作一个更大的系统在更高层次上的一个子系统，而且这个子系统也可以被看作由几个更小的子系统，在更低层次上组成的一个系统。

由此，我们可将大学教师发展中心的组织环境分为内部环境和外部环境。内部环境主要是高等学校内部的制度机制，正是内部的制度机制维系了大学教师发展中心在高校内部的相互衔接、相互支撑、有机统一和日常运转。外部环境则是影响大学教师发展中心的外部因素，包括社会环境、经济环境、文化环境等。外部环境的变化不断推动大学教师发展中心的结构调整，内部环境的建立则维系大学教师发展中心的相对稳定。正是这种动态与静态的结合，注入了大学教师发展中心可持续发展的活力。

第三，实践论视角下大学教师发展中心的全程联动性。实践论的视角则是通过把握大学教师发展中心的全程联动性而形成大学教师发展的时空观。马克思主义实践论认为，实践是发展的，理论也是发展的，人的认识也是不断发展的过程。因此，从大学教师发展过程看，正是这种从实践到认识再到实践的动态发展的循环往复过程，推进大学教师成长从初级到高级发展，推进大学教师发展的持续动态效应，从教师个体到教师群体教书育人能力和自主能力的整体跃升。

大学教师发展具有实践本质特征。马克思主义实践论认为，实践决定认识，对于人的认识来说，仅有"实践—认识—实践"的一次循环和飞跃远远不够，"实践—认识—再实践—再认识"的循环往复以至无穷、不断深化，才是认识发展的总过程。就大学教师发展的个体而言，大学教师在上岗前对大学教师职业的理解主要来源于自己接受教育的个人体验和实践感知，通过大学教育的系统培训和入职前教育的继续学习，形成从实践到理论的升华，院校毕业后回到大学教师发展中心的回炉加工培训，院校毕业的终点又成为大学教师发展实践的起点，将院校学习的理论用于教育实践的检验和指导，同时又形成从实践到认识再到实践的飞跃；通过"学校教育—教学实践—学校教育—教学实践"的循环往复，并同时伴随有计划有组织的大学教师发展中心的教育培训活动，推进大学教师个体能力素质在"实践—理论—实践"的往复循环中螺旋式上升，反映了大学教师由初级逐步向高级发展的实践本质。

**2. 大学教师发展中心组织变革分析框架：组织文化和组织结构**

马克思主义为我们考察和说明人的发展，提供了科学的方法论，必须"从人们现有的社会联系，从那些使人们成为现在这种样子的周围生活条件来观察人们"[①]。人的发展"既和他们生产什么相一致，又和他们怎样生产相一致，个人是什么样的，这取决于他们进行生产的物质条件"[②]。这有助于我们深刻理解大学教师发展的社会必要性和社会制约性，深刻认识大学教师发展中心组织的生存和发展离不开它所处的组织环境，大学教师发展中心组织变革受到战略、技术、文化和结构等因素的影响。

无论大学教师发展中心的组织战略定位如何、未来的组织结构如何变化，组织环境仍然是大学教师发展中心存在和多元化发展的前提因素，组织功能是大学教师发展中心的基本要素，组织资源是保证组织有效运行的物质资料，大学教师能力提升和能力重构是大学教师发展组织变革的实践主线。在上述纷繁复杂的大学教师发展组织变革的影响因素中，应去粗取精，进行要素融合，通过不同的组织文化和组织结构的排列组合，形成各不相同的、具有自己特点的大学教师发展中心的组织形态，担负起大学教师能力提升及能力重构的发展重任，助力学生学习与充分发展，促进人才培养高质量发展。

大学教师发展中心组织变革，按照组织文化（灵活与适应、稳定与控制）和组织结构（内部、外部）两个维度进行分类，最后形成四种基本的组织形态，如图1-6所示。

---

① 马克思，恩格斯. 马克思恩格斯论教育［M］. 北京：人民教育出版社，1979：26.

② 马克思，恩格斯. 马克思恩格斯论教育［M］. 北京：人民教育出版社，1979：83.

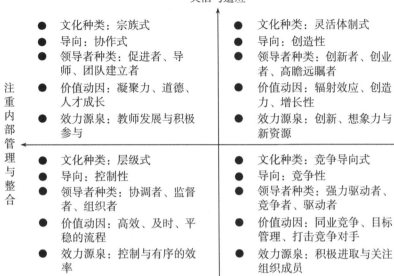

图1-6　大学教师发展中心组织变革分析框架：组织文化与组织结构

　　根据组织关注的工作内容的不同，可将大学教师发展中心的组织结构划分为注重组织内部管理和整合的组织，或者关注组织外部竞争和差异性的组织；根据大学教师发展中心组织不同的工作风格，可将大学教师发展中心的组织文化划分为追求灵活性和适应性或者追求稳定与控制两类。在组织文化和组织结构两个维度的基础上将组织分为灵活体制式、宗族式、层级式和竞争导向式四种组织形态或组织类型。当组织形态或类型发生变化时，组织结构也会发生规律性的改变，这是组织结构的演变规律，大学教师发展中心组织变革也遵循这个规律。组织结构是组织运行系统的骨架，是大学教师发展中心组织进行价值重塑的基本秩序，任何一个组织都有其组织结构，组织结构支撑大学教师发展中心组织有序运行，组织结构是组织形态的重要组成部分。

# 第二章
## 我国大学教师发展中心的组织变革现状调查

　　"十二五"期间，在教育部相关政策鼓励与推动下，大学教师发展中心作为一种新兴的组织机构，在许多高等学校得以诞生与建立。其设立的最初目的，主要在于帮助大学教师提升教学能力，满足教师专业发展的个性化需求，进而提高学校的整体教育质量。由于我国大学教师发展中心尚处于初始建设阶段，有的大学教师发展中心处于悬置空转状态，对于大学教师发展中心的工作人员来说，要真正发挥中心的应然职能仍有许多工作需要大胆探索和尝试。为了解我国大学教师发展中心发展运行的实际状况，深入探寻推进大学教师发展中心组织变革的有效路径，本书对我国35所高等学校进行实证调研，涵盖广东、陕西、湖北、新疆等10个省、自治区或直辖市，主要通过问卷调查和访谈的方式开展有关我国大学教师发展中心组织变革现状调查和问题分析；梳理我国大学教师发展中心的建设成果，总结我国大学教师发展中心建设现状存在的突出问题。

# 第一节　研究设计

　　本书通过问卷调查，从组织文化和组织结构两个维度，了解和分析当前我国大学教师发展中心的组织变革现状，具体包括但不限于组织管理体制、部门之间的协调及已有的规章制度、相关影响因素等方面。组织建设和组织变革之间既有区别又有联系：组织建设是阶段性的静态结果；组织变革是动态行为过程，是从组织建设现状和组织文化传统出发，根据对组织发展愿景的构思和展望，形成的一个动态发展过程。组织变革需要了解至少两个不同的状态，一个是组织目前所处的状态，也就是组织建设现状；另一个就是组织发展的长远目标，属于组织愿景或组织将来的发展状态，是指向未来的、心理预期的理想状态和发展方向。因此，编制了解组织变革现状的调查问卷是研究大学教师发展中心组织变革的基础前提。同时针对问卷调查初步结果和研究假设，设计访谈提纲，进行开放式访谈，尤其是2019年新型冠状病毒感染疫情之后，世界各国的高等学校涌现了大量的线上教学和在线课程，大学教师发展中心的组织形态和活动形式也发生了一系列变化，通过追踪访谈，了解2019年以后的大学教师发展中心开展活动情况，有助于进一步了解大学教师发展中心的组织变革现状。

## 一、我国大学教师发展中心调查问卷内容的设计

　　通过前期国内外文献检索，在研究已有调查问卷和研究成果的基础上，编制合适问卷是研究的前提和基础。目前我国学者段冠琼对我国30所国家级教学发展中心的组织结构进行研究，采用达夫特理论对情境变量进行分析并

设计了相关调查问卷；①还有学者对美国斯坦福大学教学与学习中心的服务体系与保障体系，通过内容分析法和档案文件分析法进行理论思辨性质的研究。②屈廖健从组织学的学科视角出发，运用组织社会学中的制度理论以及组织一致性分析模型为分析框架，采用历史比较分析法和调查法对美国密歇根大学学习与教学研究中心进行个案研究，通过半结构访谈、参与式观察等方法，③研究美国密歇根大学学习与教学研究中心的运行机制，对档案材料进行搜集分类，并对有效资料进行"深描"④。

本书基于研究假设和研究问题，对大学教师发展中心组织变革的预调查项目和操作性指标进行分解，形成初步调查问卷，然后联系武汉部分高校大学教师发展中心的工作人员、一线教师、湖北省教育科学研究院的教研员和有关专家进行意见征询和初步访谈，最终形成大学教师发展中心组织变革的正式调查问卷和访谈提纲。

根据埃德加·沙因（Edgar H. Schein）关于组织文化内容的层次结构研究，⑤组织文化的内涵由三个相互作用的层次组成：外显的物质形态、共同拥护的价值观、基本的隐性假设。我国大学教师发展中心的组织文化内涵按照上述三个相互作用的层次，可以由外而内，从文化的外显部分入手，分成三部分内容设计问卷：一是可以直接观察到的具有组织象征意义的事物或行为；二是组织使命、目标、战略；三是文化的内隐部分，难以捉摸也不便管理，包括组织的规则、结构、报酬奖励制度、工作作风等内容。以上共同构成我国大学教师发展中心的组织文化和组织结构的分析框架。根据该分析框架，分别描述大学教师发展中心组织文化和组织结构的影响因素具体表征，

① 段冠琼. 我国30所国家级教师教学发展中心的组织变量分析 [D]. 武汉：华中科技大学，2017：64.

② 李玲玲. 美国斯坦福大学教学与学习中心研究 [D]. 保定：河北大学，2015：32.

③ 屈廖健. 美国研究型大学教师发展中心运行机制变迁 [M]. 太原：山西教育出版社，2020：35.

④ 陈向明. 质的研究方法与社会科学研究 [M]. 北京：教育科学出版社，2011：12.

⑤ Schein E H. Organizational culture and leadership [M]. John Wily&Sons，2004：25.

如表2-1和表2-2所示。

#### 表2-1　大学教师发展中心的组织文化及其具体表征

| 大学教师发展中心的组织文化维度 | 具体表征 |
| --- | --- |
| 外显的物质形态 | • 您目前工作处于积极主动状态<br>• 您对自己专业发展的目标或者规划很明确<br>• 您觉得自己的教学（或科研）工作量偏多 |
| 共同拥护的价值观 | • 组织成员就组织使命发展出来的工作目标、发展战略、组织结构等达成共识<br>• 规章制度的认同度<br>• 行为或活动方式 |
| 基本的隐形假设<br>（组织文化中影响层次最深、范围最广） | • 愿意投入大量时间在进修或在职培训上<br>• 对自己目前的职业发展状态感到满意<br>• 科研和教学的关系，相对独立抑或相互矛盾<br>• 对学术沙龙或教师工作坊的认知和态度 |

#### 表2-2　大学教师发展中心的组织结构及其具体表征

| 大学教师发展中心的组织结构维度 | 具体表征 |
| --- | --- |
| 组织中的管理层次（纵向结构） | • 职权层级的数目和隶属关系<br>• 您认为本校大学教师发展中心员工为了追求工作绩效，大家兢兢业业，日常工作开展得井然有序<br>• 本校教师发展中心工作项目包含任务：教学研讨会、教学咨询、教学观摩、开发课程、校本培训、数字资源教学培训、微格教学 |
| 组织中的控制幅度（横向结构） | • 主管人员的管理幅度<br>• 明确自己在该组织中的工作职责与工作权利<br>• 教师发展中心的主要职能包括开展教师培训、区域内教师发展中心管理人员培训 |
| 环境要素 | • 组织实现目标具有直接影响或间接影响的环境要素<br>• 本校教师发展中心的机构性质属于行政机构性质、学术机构性质或者混合行政与学术机构性质 |

续表

| 大学教师发展中心的组织结构维度 | 具体表征 |
|---|---|
|  | • 本校教师发展中心的职能部门能很好地服务于您所在的业务部门<br>• 您觉得本校教师发展中心的职责划分十分明确，组织结构十分灵活可以接受新的挑战 |

## 二、我国大学教师发展中心调查问卷的意见征询和初步验证

大学教师发展中心组织变革预调查问卷的目的是求证通过文献研究，我们描述关于大学教师发展中心组织文化和组织结构影响因素的表征是否与实际情况相符。为此，通过访谈和预调查等途径进行意见征询，主要采访了武汉市部分高校教师发展中心的工作人员、一线教师、武汉教育科学研究所的教研人员和相关专家。笔者主要通过发邮件、电话或腾讯视频会议等方式征求关于调查问卷的修改意见。所选的三位专家分属不同学科领域，笔者平常沟通比较密切，有利于坦诚相见地指出问卷设计的问题，比如市教研员L通过邮件回复，正式调查问卷采纳了其中第20条和第21条的如下修改意见。

第20条，"您了解本校教师发展中心的组织结构"，建议将"组织结构"概念分解或具体化，使问卷内容更"接地气"。你也可以通过访谈了解大学教师发展中心的组织隶属关系，便于普通教师答题。

第21条，"您渴望与同事分享、交流教学或科研方面的收获和困难"，建议在主观题中增设开放式问题，比如贵校大学教师发展中心经常开展对外交流与服务，带动区域大学教师教学的共同发展吗？一方面拓宽分享交流的范围，不仅仅是与同事和周围的人分享交流；另一方面也要兼顾不同工作人群。

学术专家有多名教授，包括高等教育权威期刊的责任编辑Z老师，他常年审稿，是教育领域的大家，我们私下称呼他"扫地僧"，他建议增加关于教师职业倦怠等情感态度方面的考察。

我推荐你看看阎光才教授在《高等教育研究》2018（4）发表的一篇文

章《象牙塔背后的阴影——高校教师职业压力及其对学术活动影响述评》，这个形象的比喻具有强烈的人文情怀，希望你的问卷调查和博士论文能具有人文关怀，切忌强调客观中立，站在局外自说自话。

由于教师职业倦怠是影响我国大学教师发展中心组织变革的重要因素之一，故在调查问卷设置中增补了情感态度的相关问题，重点关照教师职业压力，了解学术职业活动频率。

多名一线教师都是从事教师专业发展研究的教授，有20多年一线教龄，对教师学术职业颇有研究。他们认为大学教师发展中心，应该关注教师的个人体验和个体差异，重视考察教师的情感态度，因此在调查问卷中增补了部分多选题，关注教师的专业发展和职业体验。

在文献分析研究和初步访谈的基础上，形成我国大学教师发展中心组织变革的预调查问卷，然后对预调查问卷进行意见征询、调整和修改，通过初步验证，确定正式调查问卷，具体的调查问卷编制流程见图2-1。

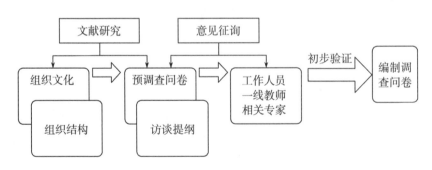

图2-1　调查问卷编制流程图

大学教师发展中心最终要调查的对象是一线教师，服务对象也是一线教师发展，笔者先后通过腾讯视频组织了3次关于调查问卷设计的一线教师视频会议，事先约定时间，以短平快的方式解决问题，就事论事，人数一般控制在5人以内，因为5人的小规模视频会议，有助于充分调动大家发表观点的积极性，各抒己见，同时考虑受邀请教师所任教的学科、个人职称等因素。通过实证研究，对大学教师发展中心组织变革问卷进行了优化和完善，经过文献分析研究、初步量表反复验证形成、量表预调查等工作阶段，最终形成正式调查问卷。

## 三、我国大学教师发展中心的访谈提纲设计与过程

通过问卷调查，基本了解了我国大学教师发展中心的组织结构和运行现状是什么，还需要回答"为什么"和"怎么样"，分析我国大学教师发展中心组织变革的影响因素和组织建设路径。为了回答大学教师发展中心的组织变革是如何生成、发展和演变，需要通过一系列开放式访谈，帮助我们深入了解大学教师发展中心的组织变革现状。2019年新型冠状病毒感染疫情之后，世界各国的高等学校涌现了大量的线上教学和在线课程，大学教师发展中心的组织形态和活动形式也发生了一系列变化，笔者进一步追踪访谈，了解2019年以后的大学教师发展中心开展活动情况。

### 1. 访谈提纲的设计

数据统计的结果显示，职称、学历等影响因素与大学教师发展中心的组织变革并不存在显著相关性，在问卷调查的基础上，设计了访谈提纲，具体访谈过程中，没有一一对应访谈提纲进行对话和资料搜集。关于我国大学教师发展中心组织结构和组织文化，研究者设计了非常简洁开放的访谈提纲，也可以随机提问和追问：

1. 贵校具有教师发展中心职能类似的组织机构吗？若有，成立于哪一年？

2. 贵校教师发展中心的功能定位是什么？

3. 贵校教师发展中心的机构性质是什么？属于行政机构性质、学术机构性质或者混合行政与学术机构性质？

4. 贵校教师发展中心的主要职能包括哪些？开展教师培训、教学咨询服务、提供优质教学资源、区域内教师发展中心管理人员培训等活动的情况如何？

5. 贵校教师发展中心的发挥"中心"的示范、辐射、引领作用如何？

6. 贵校教师发展中心的组织文化或战略使命是什么？

7. 贵校教师发展中心的组织结构或隶属关系如何？

8. 贵校教师发展中心的工作项目有哪些？教学研讨会、教学咨询、教学观摩、开发课程、校本培训、数字资源、教学培训、微格教学等方面情况如何？

个人访谈是在征求访谈对象同意的前提下进行录音，如果中间有电话或其他事情打断，则及时主动终止录音，确保访谈对象的个人隐私不受侵犯。大部分访谈活动是本人因工作涉及其他专项调研，参加学校活动随机进行，也有提前与学校领导请示，确定面试的教师，然后约定时间和地点，进行专场访谈，这样可以更好地满足样本对象要求。访谈结束后，及时根据录音材料的关键点进行信息编码处理。

### 2. 访谈资料的编码与提取分析

访谈录音资料按照"F+访谈对象姓氏的首字母+访谈具体日期"进行资料命名，比如，笔者在2019年6月20日采访了Y老师，那么，访谈资料的编码为"FY20190620"。如果访谈对象另外还有其他一些相关的佐证资料，内容编码为："F+访谈对象姓氏的首字母+访谈具体日期+佐证资料类别首字母"，比如C老师在2019年7月12日提供的该校大学教师发展中心规章制度，则编码为"FC20190712gzzd"。访谈资料的编码完成之后，对整理的文本材料和数据进行系统分析。首先，打印并标识访谈录音资料和文本资料，以便提取文本资料中的核心数据和关键信息，对资料的信息进行同步分类。在访谈和分析中，为了避免个人的一些主观臆测和语意误判，确保访谈录音的数据分析和资料梳理客观真实有效，通常会用不同颜色的笔进行三轮标识和批注，按照"已有资料能否回答问卷调查量化研究所不能呈现的问题"为标准，找出空白，准备下一步的开放式访谈的提纲和内容。通常在分析形成系统观点之前，总感觉很多问题细节未得到很好的呈现，甚至漏洞百出，留待下一次访谈时候跟进了解。

# 第二节　研究实施

根据研究设计，我国大学教师发展中心的组织变革现状调查的重要内容之一，就是采用自制问卷，对我国大学教师发展中心的组织建设现状及相关问题进行实证研究。研究实施包括调查准备、样本选择和有效样本汇总。

## 一、调查准备

本研究采用自编问卷，第一部分是个人基本信息调查，第二部分是对教学组织建设现状的个人感知，由25道量表题构成，采用李克特（Likert）5点量表计分，计分方式从1分到5分，分别是非常不同意、不同意、不确定/不好说、同意、非常同意。按照赋分，计算每道题得分和量表总分。总分越高，说明大学教师发展中心的组织运转良好、校内影响越大或提供大学教师自主发展的帮助越大。第三部分由5道多选题组成，用来调查大学教师眼中，哪些方面对一名大学教师发展是至关重要的或非常有帮助的。第四部分属于主观题，主要由3道开放式问答题组成。主要征求意见建议，了解大学教师发展中心的组织结构。

## 二、样本选择

当调查问卷定稿之后，下一步就是确定调查样本，协调问卷发放与回收的时间、地点和对象。本研究选取一线大学教师或大学教师发展中心的工作人员为调查对象，考虑到问卷发放和回收的可操作性，借助问卷星在线问卷调查平台于2019年4月至7月进行了网络问卷调查。同时也通过教育部综合司工作的同学，加入了综合司牵头建立的全国高校教师发展中心QQ联络工作群，通过给各高校教师发展中心寄函的方式，把各高校教师教学发展中心工作人员作为单列的问卷调查对象，以便了解被调查者所任职的大学教师发展中心的基本设置情况，及其对大学教师发展中心的组织文化、组织结构等问题的看法。问卷函调的主要途径是大学教务处转交大学教师发展中心，由教务处或大学教师发展中心的老师填写以后回函或拍照上传到指定邮箱。为了保证问卷回收效率高、质量好，在正式下发问卷之前，通过QQ群或电话或指定邮箱，与具体经办问卷调查的老师进行初步沟通和提示，说明告知问卷调查目的和具体要求，问卷函调的发放和回收以学校为单位，历时12周，从2019年4月20日到2019年7月20日。

### 三、有效样本汇总

此次问卷调查，共有35所高等学校参与，包括广东、陕西、湖北、新疆等10个省、自治区或直辖市。这些高等学校的教务处或大学教师发展中心工作人员参与函调、问卷填答，累计填写问卷75份。有效样本汇总分两类进行：问卷星在线调查问卷和函调问卷。问卷星在线回收有效问卷215份，函调问卷下发35份，有的高等学校比较积极配合，自行复印填写，共收到寄回问卷75份。按照每所高校分别采集汇总1份问卷信息的思路，综合同一高校多人填写的重复问卷，剩余有效问卷35份。数据采用ExceL2003进行统计分析，样本的基本信息如表2-3所示。

表2-3　样本的基本背景信息

| 基本背景信息 | | | 数量（个） | 比例（%） |
|---|---|---|---|---|
| 被调查者所在大学教师发展中心情况 | 中心类型 | 国家级示范中心 | 5 | 14.29 |
| | | 非国家级示范中心 | 30 | 85.71 |
| | 所属院校类型 | 双一流高校 | 6 | 17.14 |
| | | 非双一流高校 | 29 | 82.86 |
| 被调查者个人情况 | 工作年限 | <10年 | 25 | 71.43 |

续表

| 基本背景信息 | | | 数量（个） | | 比例（%） | |
|---|---|---|---|---|---|---|
| | | ≥10年 | 10 | 9 | 28.57 | 33.33 |
| | | 行政工作人员 | 27 | | 77.14 | |
| | 职称或职务 | 中心领导 | 8 | | 22.86 | |
| | | 高级职称以上 | 6 | | 17.14 | |

被调查者的教育背景信息如图2-2所示。

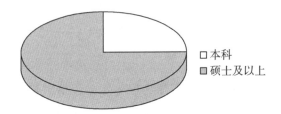

□ 本科
■ 硕士及以上

图2-2　样本的教育背景信息

# 第三节　调查分析

本书对调查所得数据进行了整理与分析，从不同角度归纳当前大学教师发展中心运行的实际情况，在此基础上总结大学教师发展中心的建设现状和现实问题。

## 一、大学教师发展中心的组织结构现状

为深入了解大学教师发展中心的基本现状，根据大学教师发展中心的设立时间、隶属关系和行政级别、人员结构、功能定位等情况作了调研，初步

统计结果如下。

### 1. 大学教师发展中心的设立时间

图2-3 大学教师发展中心的设立时间

从图2-3可知，被调查的35个大学教师发展中心，约 80%的中心成立于2011年及以后，这个时间与国家出台的相关推进高校教师教学发展中心建设政策文件的时间较为吻合。而且，有7所高校的大学教师发展中心是2015年建立的，成立时间非常短，处于起步阶段。

### 2. 大学教师发展中心的隶属关系和行政级别

对大学教师发展中心的基本建制情况，主要考察隶属关系以及它们的行政级别。隶属关系反映大学教师发展中心是独立建制还是依托高校内部其他组织机构建立；行政级别反映大学教师发展中心在高校内部所处的位置及其权力状况。通过问卷调查发现，35个大学教师发展中心，有13个大学教师发展中心属于独立运行的学校直属单位，19个大学教师发展中心挂靠于高等学校某一行政职能部门，1个大学教师发展中心挂靠于校内的某一学术机构，其余调查问卷选择"其他"选项的有2个中心，一个是挂靠校人事处，副处级相对独立运行

① 函调高校的名单如下：中国石油大学（北京）、内蒙古师范大学、中北大学、北京理工大学、上海交通大学、华东师范大学、国家开放大学、南京师范大学、山东大学、济南大学、宝鸡文理学院、西安电子科技大学、江苏师范大学、南京审计学院、东南大学、陕西师范大学、电子科技大学、华中科技大学、武汉大学、武汉理工大学、中南民族大学、武汉工程大学、石河子大学等。

单位；另一个是挂靠在高校内部的师资培训中心，属于教师之间的互助组织，采取志愿者的工作模式。可见，被调查的大学教师发展中心大部分以挂靠高等学校某一机构为主，独立建制中心比例并不算很高，只有37.14%，具体比例分布如图2-4所示。在学术沙龙或学习共同体组织中，87.50%的教师更倾向于扁平化结构的组织结构，只有12.50%的教师认同金字塔形结构。

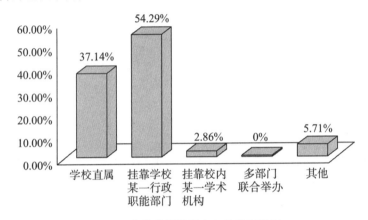

图2-4　大学教师发展中心的隶属关系

就大学教师发展中心的行政级别而言，绝大多数中心为处级单位，占据了61.54%的比例。在高等学校直属的13个大学教师发展中心里面，只有3个大学教师发展中心的行政级别为副校级。同时，还有1个大学教师发展中心没有具体行政级别，有1个科级以下，如图2-5所示。

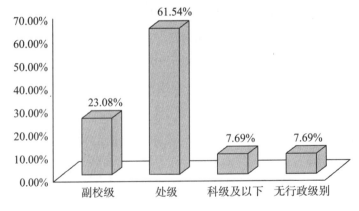

图2-5　大学教师发展中心的行政级别

### 3.大学教师发展中心的人员结构

大学教师发展中心的人员结构决定了该中心是否具备充足的人力资源，是否有能力统筹负责大学教师发展中心的相关工作事宜。大学教师发展中心专兼职人员分布结构统计的情况如图2-6所示。大学教师发展中心的人员配置在各高等学校存在比较大的差异，配置模式不同。人员的总量方面，2个中心均只配置了1名专职人员或配置1名兼职的工作人员，大部分大学教师发展中心一般配备的专兼职人数为2～5人。

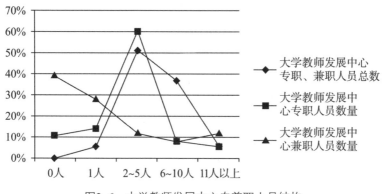

图2-6　大学教师发展中心专兼职人员结构

大学教师发展中心专职人员数量方面，大部分中心专职人员数量为2～5人，占到了被调查大学教师发展中心数量的60%；有4个大学教师发展中心是没有专职工作人员的，其中1个为国家级示范大学教师发展中心；有5个大学教师发展中心只有1名专职人员，另有2个中心的专职人员有11人以上，均为国家级示范大学教师发展中心。在兼职人员数量上，相当一部分大学教师发展中心没有兼职工作人员，其所占比例最大，达到40%；其次为配备2～5人兼职的大学教师发展中心，所占比例约11.43%；兼职人员只有1人的大学教师发展中心也有10个，占比28.57%，可见，大学教师发展中心兼职人员在5人及以下的占据了较大比例，约80%。

综上所述，有些大学教师发展中心的组织结构设置较为简单，隶属关系和部门指导划分粗糙，满足不了大学教师发展中心的发展目标和需求。由于各方面条件限制，大学教师发展中心普遍人力资源匮乏，专职人员配备不足，导致大学教师发展中心的空壳运转或低效率运行。

### 4. 大学教师发展中心的功能定位

大学教师发展中心作为高等学校内部的新兴组织机构，只有明确其特有的功能定位，才能体现其建立的必要性与重要性，才能区别于学校原有其他职能部门。开放式访谈中，被调查者对本校大学教师发展中心的功能定位描述以及基本评价，可以在某种程度上反映该中心的功能定位情况。统计情况如图2-7所示，被调查者有9位"同意"和9位"非常同意"（共占比90%）大学教师发展中心是"为大学教师及其教学、学生及其学习提供服务的专业服务组织"，只有2人不同意其"专业服务"组织定位。所有被调查者（占比100%）"同意"或"非常同意"大学教师发展中心是一个"基于共同大学教学发展愿景的教学学术共同体自组织"，认同"对大学教与学中存在的问题和发展趋势进行研究的教与学研究中心"只有11位（占比55%），不认同"教与学研究中心"定位的9人，占比45%。被调查者中2人"同意"、18人"不同意"大学教师发展中心是一个"以师资管理/教学管理为主的行政职能部门"。如柱状图直观显示，显著"不同意"将大学教师发展中心定位为行政职能部门，显著"同意"将大学教师发展中心定位为"学术共同体自组织"。

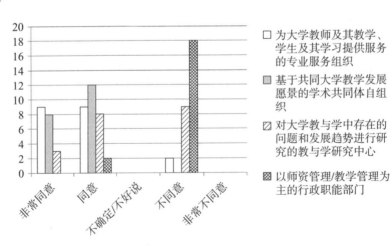

图2-7　大学教师发展中心的功能定位

而在被追问"大学教师发展中心的职能是否与其他职能部门的工作存在交叉重叠"时，如图2-8所示，给予保守肯定回答的人占比90.84%，如果剔除"去确定/不好说"的样本，仍有75.84%的被调查者给出了肯定回答，认为工作职能存在一些交叉重叠。

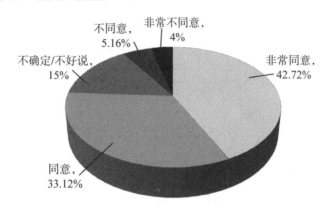

图2-8　"大学教师发展中心的职能是否与其他职能部门的工作存在交叉重叠"的看法调查

## 二、大学教师发展中心的组织文化现状

根据埃德加·沙因关于组织文化内容的层次结构及其影响因素的具体表征设计调查问卷，分为外显的物质形态、共同拥护的价值观、基本的隐性假设三个层面来统计呈现问卷调查情况。

### 1. 外显的物质形态

统计分析问卷星收集的样本信息，被调查对象的主观感受如图3-9所示，认为自己工作处于积极主动状态的教师占比43.72%、愿意投入大量时间在进修或在职培训上的教师占32.09%。对自己专业发展的目标或者规划很明确的教师占16.74%，这个百分数很乐观，但是如图2-9线条所构成的几乎等腰直角三角形的图形表明：如果剔除133人"对自己专业发展目标或规划很明确"的"不确定/不好说"感受，"对自己专业发展目标或规划很明确"持赞成和反对主观感受的教师几乎各占一半，情况并不乐观，仅有17.21%的教师对自己目前的职业发展状态感到满意。

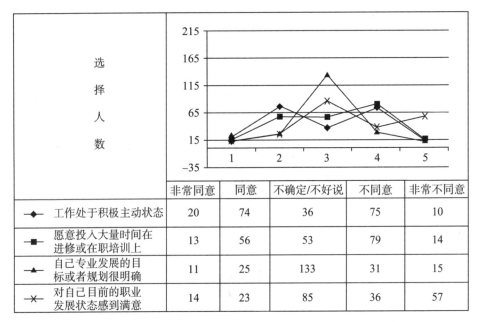

| | 非常同意 | 同意 | 不确定/不好说 | 不同意 | 非常不同意 |
|---|---|---|---|---|---|
| ◆ 工作处于积极主动状态 | 20 | 74 | 36 | 75 | 10 |
| ■ 愿意投入大量时间在进修或在职培训上 | 13 | 56 | 53 | 79 | 14 |
| ▲ 自己专业发展的目标或者规划很明确 | 11 | 25 | 133 | 31 | 15 |
| ✕ 对自己目前的职业发展状态感到满意 | 14 | 23 | 85 | 36 | 57 |

图2-9 被调查对象的个体主观感受

调查数据图2-10表明，53.02%的教师觉得自己的教学工作量偏多，48.37%的教师认为自己的科研工作量偏多；48.37%的教师认为做科研和教学

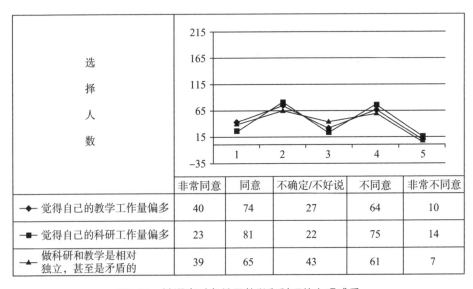

| | 非常同意 | 同意 | 不确定/不好说 | 不同意 | 非常不同意 |
|---|---|---|---|---|---|
| ◆ 觉得自己的教学工作量偏多 | 40 | 74 | 27 | 64 | 10 |
| ■ 觉得自己的科研工作量偏多 | 23 | 81 | 22 | 75 | 14 |
| ▲ 做科研和教学是相对独立，甚至是矛盾的 | 39 | 65 | 43 | 61 | 7 |

图2-10 被调查对象关于教学和科研的主观感受

是相对独立，甚至是矛盾的。尽管同样是48.37%的比例，但是基础数据并不重合，并非来源于科研工作量偏多的教师群体感受。

**2. 共同拥护的价值观**

如图2-11所示，25.12%的教师认为自己了解本校教师发展中心的发展战略、组织文化、组织结构，25.58%的教师认同本校教师发展中心的管理制度健全，对于目标的达成有周详的计划。16.74%的教师认为本校教师发展中心授予教师的权利与职责十分匹配，教师十分明确自己在该组织中的工作职责与工作权利。33.49%的教师认为在自己工作需要相关部门协助时，相关部门十分配合，本校教师发展中心组织十分注重部门间交流。

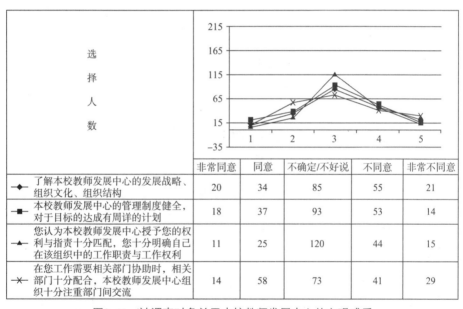

| 选择人数 | | 非常同意 | 同意 | 不确定/不好说 | 不同意 | 非常不同意 |
|---|---|---|---|---|---|---|
| ◆ | 了解本校教师发展中心的发展战略、组织文化、组织结构 | 20 | 34 | 85 | 55 | 21 |
| ■ | 本校教师发展中心的管理制度健全，对于目标的达成有周详的计划 | 18 | 37 | 93 | 53 | 14 |
| ▲ | 您认为本校教师发展中心授予您的权利与指责十分匹配，您十分明确自己在该组织中的工作职责与工作权利 | 11 | 25 | 120 | 44 | 15 |
| ✕ | 在您工作需要相关部门协助时，相关部门十分配合，本校教师发展中心组织十分注重部门间交流 | 14 | 58 | 73 | 41 | 29 |

图2-11　被调查对象关于本校教师发展中心的主观感受

2019年新型冠状病毒感染疫情之后，笔者追踪采访了中部地区W大学教师教学发展中心，了解她们对疫情之后本校大学教师发展中心的主观感受，包括后疫情时代，高等学校在线课程教学增多的背景下，大学教师发展中心的信息化服务水平和宣传工作等情况，访谈摘录如下。

我：您认为2021年度，大学教师发展中心宣传工作和信息化服务水平如何？

W：虽然受疫情冲击，大学教师发展中心还是在坚守岗位，履职尽责。

作为中心工作人员，我们主要加强了中心宣传工作，提高信息化服务水平。加强中心"微信公众号"建设，将其作为师德师风、意识形态建设的阵地之一。坚持发布原创作品，优化学生新媒体团队运行维护，通过综合教师需求、信息阅读量、校内资源等数据提高信息化服务水平。2021年度"微信公众号"共发布59期，阅读总量2万余次。信息化教学技术保障水平由其他部门负责，也在高水平运行。

我：能说说给您留下最深刻印象的具体事件吗？

W：2021年度推出"第十届青教赛"获奖教师专访、"教学菜鸟驿站""师德师风建设"等一系列主题，多视角展示我们学校的教师教学发展活动。同时为学院（系）分中心活动开辟了专栏，积极推动教育教学文化的培育，我们做了大量细致工作，这些活动给我留下了深刻印象。

（材料来源：W大学教师教学发展中心2021年度专访材料摘选）

对于教师参与大学教师发展中心组织活动的积极程度，以及教师对大学教师发展中心活动的评价，主要由被调查者进行主观评价（图2-12）。

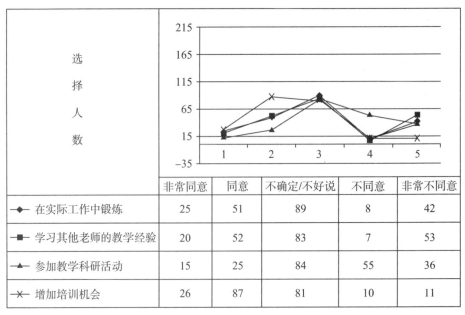

| 选择人数 | 非常同意 | 同意 | 不确定/不好说 | 不同意 | 非常不同意 |
|---|---|---|---|---|---|
| ◆ 在实际工作中锻炼 | 25 | 51 | 89 | 8 | 42 |
| ■ 学习其他老师的教学经验 | 20 | 52 | 83 | 7 | 53 |
| ▲ 参加教学科研活动 | 15 | 25 | 84 | 55 | 36 |
| ✕ 增加培训机会 | 26 | 87 | 81 | 10 | 11 |

图2-12 对"您认为提高教育教学能力最有效的途径"的调查统计

　　由于这些内容都涉及教师参与大学教师发展中心活动的主观感受，将近40%的被调查者选择了不确定或不好说，这从一个侧面反映了大学教师发展中心的工作人员对"教师参与中心活动的主观感受"的关注度不够大。从回答的情况来看，对于"您认为提高教育教学能力最有效的途径"，从高到低依次为"增加培训机会113人（52.56%）；在实际工作中锻炼76人（35.35%），学习其他老师的教学经验72人（33.49%），参加教学科研活动40人（18.60%）。"只有57.47%的教师相信，通过参加学术沙龙或教师工作坊等活动，个人的教学研究能力会得到提高。87.20%的大学教师面临工作任务和培训任务发生时间冲突，会选择暂时搁置培训任务。61.26%的教师渴望与同事分享、交流教学或科研方面的收获和困难。在2020年春季学期的线上教学追踪访谈中，笔者采访了中部地区H大学教师教学发展中心的工作人员和教研室主任，部分访谈情况摘录如下。

　　我：您以前参加大学教师发展中心活动的频率大约每月几次，感觉怎样啊？

　　H：我参与大学教师发展中心的活动不多，我更愿意投入时间积极推进基层教学组织建设。我校以责任教授课程建设为中心，积极推进基层教学组织的建设。到目前为止，学校共建设责任教授课程194门，参与责任教授课程教学的教师约1700名左右。2020年组织推荐申报4个教学团队和4个基层教学组织分别申报省级教学团队和省级基层教学组织。

　　我：那这些基层教学组织的师资队伍建设怎样开展呢？目前取得了哪些成效？您可以具体说说吗？

　　H：基层教学组织也是通过加强教师教学培训来提高教学能力。我作为教研室主任，虽然自己参与活动不多，但还是比较清楚地掌握了一些情况。2020年教师教学发展中心继续开展多种形式的教师培训活动，截至11月30日已举办工作坊、讲座、观摩课、示范课等各类培训活动61期，培训我校教师2677人次，共1613人。为帮助教师提升专业课中进行课程思政的教学能力，教师教学发展中心2020年积极开展课程思政系列教师培训活动，组织开展教师课程思政能力提升交流研讨会。面向全校教师开展《英雄武汉》《汉口红色文化遗产巡礼》等培训课程,形式多样地帮助教师提升课程思政的能力。

我:贵校大学教师教学发展中心做了很多实事,通过大学教师教学发展中心开展这些培训活动和教师自身努力,你们学校的师资队伍建设取得了哪些成效?学校有相应的激励措施吗?

H:为充分调动广大教师的积极性和创造性,鼓励和引导教师积极投入教学工作,学校加大对教师潜心教学的激励。教务处建立了一系列教师教学激励机制,大学教师发展中心没有单独的激励措施,取得了一些成绩,比如2020年新增国家"万人计划"教学名师1名、"××名师工作室"主持人2名、××大学教学名师10名。13名教师获得2019—2020学年教学质量优秀奖一等奖,83名教师获得教学质量优秀奖二等奖。10位教师获得了2019—2020学年"课堂教学卓越奖",20名教师获得"课堂教学优质奖"。

我:基础学科方面,"四新"建设背景下,学校有哪些新举措?

H:基础学科拔尖人才培养与新文科建设节节攀升。学校大力加强基础学科拔尖人才培养,2021年获批数学、力学2个"基础学科拔尖学生培养计划2.0基地",目前我校共有7个基地入选教育部基础学科拔尖学生培养计划2.0基地,获批数量位居全国高校前列(与上海交通大学、四川大学并列15)。积极推进"新工科""新医科""新文科"建设与改革,组织申报"新文科"项目,获批5个首批新文科研究与改革实践项目。

我:疫情背景下,"四新"建设也在有序推进,学校的组织文化建设底蕴深厚啊。

H:学校的文化素质教育精彩纷呈,组织文化建设潜移默化。我们主要以问题为导向,推动文化素质教育核心课程建设与改革,2021年召开了3轮文化素质教育课程体系设计研讨会,初步确立建设方案。以项目为引领,积极申报国家新文科建设项目。"中国特色文化素质教育课程体系建设"顺利获国家首批新文科建设项目立项。广泛邀请国内外著名学者在线开讲×××人文讲座,2021年度共开展线上或线上线下结合人文讲座50余期,目前已进行至2428期。顺利召开2021年文化素质教指委第三次工作会议。持续开展丰富多彩的文化活动,丰富校园文化,提升校园品格。

我：在传统的985工科院校，申报"新文科"建设项目，听说还成立了未来技术学院和集成电路学院，能具体介绍一下吗？

H：我校成立未来技术学院和集成电路学院人才培养特区，全国仅有清华大学、北京大学和我校三所高校同时获批该成立未来技术学院和集成电路学院。未来技术学院每年招收120人，推行本硕博贯通培养模式，已于2021年秋季完成了首届新生招生选拔工作。集成电路学院通过人才培养、科学研究、学科建设"三位一体"，充分发挥产教融合优势，支撑和引领华中地区集成电路产业高速发展。

我：那大学教师教学发展中心的工作还在正常进行吗？师资队伍建设取得了哪些成效？

H：大学教师教学发展中心的工作没有因为疫情而废止，教师培训活动不断助力教师发展。2021年教师教学能力培训项目（课程）立项11项，新培育3门教师培训课程，目前我校大学教师教学发展中心共培育教师培训课程42门。举办工作坊、讲座、观摩课、示范课等各类培训活动114期，培训我校教师3365人次，共1967人。面向新入职教师连续举办了8期教学能力提升培训活动。开展以课程思政教育教学能力提升为主题的各类工作坊、沙龙、慕课等共计36期，培训教师1245人次。积极做好国家语言文字推广基地建设工作，组织师生参加第三届中华经典诵写讲大赛，做好第24届全国推广普通话宣传周工作。

我：贵校各项工作硕果累累，您认为提高教师教学能力的最佳途径是什么？

H：我认为实际工作中学习、能力培训、学习其他老师的教学经验、参加教学科研活动等等，这些方面都很重要，每个人顿悟的时机不同，珍惜每一次学习提高的机会，这个态度很重要，决定了你教学反思的水平有多高。

（材料来源：H大学教师教学发展中心2021年度专访材料摘选）

对于"您认为自己在知识结构上的最大问题"，选择"不确定/不好说"的人平均占比30.69%，剔除对自己在知识结构上的最大问题感觉不确定和不好说的人以外，选择"知识面窄"有114人，占比例最高，达到53.02%，其次"对执教学科最新进展并不能非常好的把握"有113人，占52.56%，"对教育学和心理学相关知识掌握还不足"有72人（33.49%），"所学专业与所教课程不一致"有50人（23.26%）。

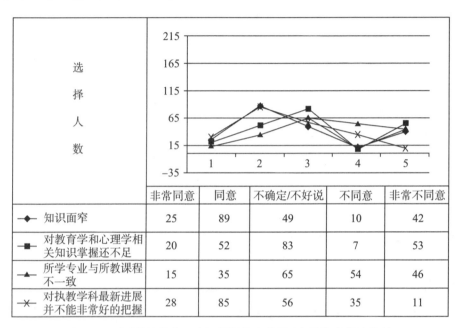

| | | 非常同意 | 同意 | 不确定/不好说 | 不同意 | 非常不同意 |
|---|---|---|---|---|---|---|
| ◆ | 知识面窄 | 25 | 89 | 49 | 10 | 42 |
| ■ | 对教育学和心理学相关知识掌握还不足 | 20 | 52 | 83 | 7 | 53 |
| ▲ | 所学专业与所教课程不一致 | 15 | 35 | 65 | 54 | 46 |
| × | 对执教学科最新进展并不能非常好的把握 | 28 | 85 | 56 | 35 | 11 |

图2-13　对"您认为自己在知识结构上的最大问题"的调查统计

### 3. 基本的隐性假设

对于"您认为本校教师参与大学教师发展中心活动的积极性普遍较高"，选择"非常同意"和"同意"的占到了29.30%，选择"不同意"和"非常不同意"的占42.79%；对于"您认同本校教师发展中心的组织文化"，选择"非常同意"和"同意"的占到了25.12%，选择"不同意"和"非常不同意"的仅占36.28%。对于"您觉得本校教师发展中心的职责明确，组织结构灵活，可以接受新的挑战"，选择"非常同意"和"同意"的占比18.60%，选择"不同意"和"非常不同意"的占比55.81%；对于"您认为本校教师发展中心员工为了追求工作绩效，大家的表现都兢兢业业，日常工作开展得井然有序"，选择"非常同意"和"同意"的占到了52.56%，选择"不同意"和"非常不同意"的占26.05%。

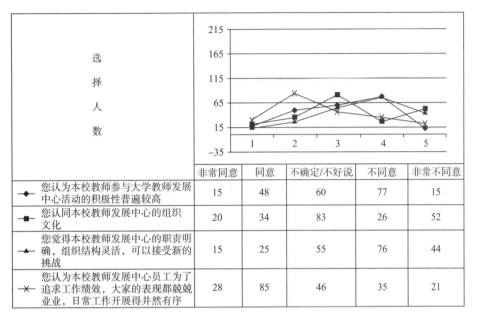

| | 非常同意 | 同意 | 不确定/不好说 | 不同意 | 非常不同意 |
|---|---|---|---|---|---|
| 您认为本校教师参与大学教师发展中心活动的积极性普遍较高 | 15 | 48 | 60 | 77 | 15 |
| 您认同本校教师发展中心的组织文化 | 20 | 34 | 83 | 26 | 52 |
| 您觉得本校教师发展中心的职责明确，组织结构灵活，可以接受新的挑战 | 15 | 25 | 55 | 76 | 44 |
| 您认为本校教师发展中心员工为了追求工作绩效，大家的表现都兢兢业业，日常工作开展得井然有序 | 28 | 85 | 46 | 35 | 21 |

图2-14 对"您对本校大学教师发展中心的主观感受"的调查统计

在2020年春季学期，笔者追踪了解中部地区W大学，由于W大学位于湖北武汉，刚刚经历了来势凶猛的疫情考验，W大学教师教学发展中心的工作情况如何，部分访谈资料整理摘录如下。

我：2020年春季伊始，面对来势凶猛的疫情形势，W大学教师发展中心采取了哪些措施，是否有成效？

W：2020年刚刚解封的时候，的确很不适应，现在我们一切正常，教师线上教学技能和运用混合式教学法的能力进一步提高。疫情常态化的现状让越来越多的教师积极投入到提升自身线上教学技能的活动中，同时，多数教师在教学实践过程中体会到教学创新带给课堂的效率与活力，促使他们尝试更多的混合式教学法，从而把"以学生为中心"的理念贯穿于教学全过程，真正实现教学相长。教发中心的工作QQ群中教师成员已达781人，群内关于教学技能、方法的有效互动越来越多，中心的影响力和认可度也日益增加了。

我：听说还举办了教学竞赛，并取得了较好成绩，举办竞赛活动能促进大学教师发展中心内部治理能力提升吗？

W：组织教学竞赛可以促进中心内部管理能力和管理水平的提升。我校连续四年在全国高校教师教学竞赛排名中位居第一，展现了我校作为综合性一流大学强有力的学科优势，同时也是学科优势转化为教学优势的有力证明。

本年度承办的"教创赛"是湖北省高校规模最大、水平最高、参与教师最多的教学创新类比赛，我们教发中心克服了赛程长、环节多、时间紧及疫情影响等诸多困难，举办了这场有温度、有高度、有创新度高质量教学比赛活动，不但扩大了教学创新大赛的权威性、影响力，也充分展示了我校教发中心高水准的教学服务和教学支持能力，赢得了湖北省教育厅、湖北省高教学会和省内高校同行们的一致肯定。

我：谢谢您带来这么多令人振奋的好消息！听说贵校教师发展中心一直常态化开展教学技能提升培训？

W：这是我们的基本职能，为教师办实事，常态化开展教学技能提升培训，这是常态化工作。常态化开展点（高层次新入职教师）、线（专业骨干教师）、面（全体教师）相结合的教学技能培训工作。即面向高层次新入职教师，每年集中开设两期"教学理念与教学技能提升工作坊"；面向专业骨干教师，开展15～20期"青椒论坛"，分享教师发展及教学研究项目成果；面向全体教师，定期开设现代教育教学新技能培训、智慧教学软硬件培训等。目前已形成学校中心和学院分中心之间教学活动双向互动的运行机制。

我：双向互动运行机制，能具体说说吗？怎样在具体实践中形成大学教师发展组织变革的路径？

W：我说说具体的办法吧，主要是细化分类、分级培训，逐步形成适合我校教师发展的路径。按服务对象划分，教发培训工作已形成研究生助教、新入职教师、在岗教师的分级分类培训模块，规模相对稳定。同时，根据教学技能新发展的态势，举办若干专题培训。教发中心的引领、帮助和服务职能越来越强，正在形成适合我校教师发展的有效路径。

我：请问2021年度，贵校大学教师发展中心培训内容有哪些方面？

W：我们大学教师教学发展中心一直致力于充分发挥协同作用，助力教师发展。按照学校相关工作一盘棋的部署，密切配合其他职能部门，将师德师风、意识形态、课程思政建设等工作切实融入教师发展的业务中。侧重教方法、讲技巧、引实例，让教师既能知其重要、又能用其精髓，不断在教学实践中打磨、领悟、提升。

我：请问2021年度，贵校大学教师发展中心有哪些工作举措？

W：工作举措很多，具体来说就是积极推进朋辈学习，开展多种形式的教学培训活动。2021年度学校教师教学发展中心开展线下教学沙龙、讲座、观摩、圆桌会议等培训活动共30次。

我：嗯嗯，谢谢您介绍疫情之后的学校教师教学发展中心情况，不仅实践中取得了丰硕成果，还把"以学生为中心"的理念贯穿于教学全过程，真正实现教学相长，这些成果和理念给我留下了深刻印象。

（材料来源：W大学教师教学发展中心2021年度专访材料摘选）

## 三、大学教师发展中心的未来构想

调查问卷的最后部分专门设置了三道开放题，让调查对象谈谈对大学教师发展中心未来的期望与设想。尤其是疫情背景下，针对大学教师发展中心的未来构想，笔者遴选疫情形势不同的中部地区和西部地区高校管理人员和教师，分别进行了线上追踪访谈。

大部分被调查者结合各自高校大学教师发展中心的实际情况，提出对未来发展的各种期望，给出很多富有建设性的意见和建议，很多方面也形成了一定的共识，归纳整理的结果如表2-4所示。

表2-4　对大学教师发展中心的未来构想

| 分类 | 具体内容 |
|---|---|
| 1.希望从大学教师发展中心外部获取的 | （1）实现大学教师发展中心独立运行：减少行政职能，避免行政事务 |
| | （2）获得更多的资源，如办公场地、活动场地、经费、设备、人员编制等 |

续表

| 分类 | 具体内容 |
|---|---|
| | （3）协调与其他职能部门和院系的关系 |
| | （4）得到学校领导的重视与支持 |
| | （5）获得学校教师的认可、支持与积极参与 |
| 2.大学教师发展中心内部要努力做到的 | （1）分层分类建立教师发展支持体系，比如建立健全相关工作机制，满足教师的个性化需求等 |
| | （2）自主开发教师培训、教学工作坊课程 |
| | （3）丰富中心的活动内容，比如逐步开展针对学生群体的学习能力提升培训及相关咨询辅导等 |
| | （4）加强人员队伍建设，形成稳定的专家团队 |
| | （5）加强信息化和网络化建设 |
| | （6）加强相关理论研究，比如教育教学类研究、校本研究等 |
| | （7）根据学校实际来设计与组织开展工作，形成本校特色 |

尤其是疫情背景下，高等学校对大学教师发展中心的未来构想，笔者遴选疫情形势不同的中部地区和西部地区高校，分别进行了线上追踪访谈，资料整理摘录如下。

我：2020年春季伊始，面对来势凶猛的疫情形势，贵校线上教学情况怎样？教学科研是否受到了严重冲击？

H：的确受到了影响，教务处坚持"推迟开学、按时开课、网络教学"的原则，在十天内紧急部署网络教学方案，如期开展"一主多辅"的在线教学活动，并采用多种举措加强组织管理和质量监控，保障线上教学平稳、高质量运行，取得了很好的效果，线上教学基本交出了满意答卷。

2020年6月份数据显示，全校采用在线教学的教师3415人，开设了1622门在线课程，理论课开课率达到100%，参加在线学习本科生数25408人，参与线上学习及线上毕业设计的学生比例达100%。为维护正常教学秩序，教务处出台多项政策，落实相关教学管理工作，确保毕业设计、本科生重修选课等教学工作有序进行。自疫情发生以来，教务处一共发布约70个教学相关的通知和重要工作提示，召开约40次网络视频会议，撰写30余篇工作报告和方案，推出近30篇宣传稿。

我：贵校应对疫情及时有效，在这个过程中，大学教师发展中心采取了应急措施吗？

H：疫情期间，为助力线上教学运行，截止到2020年6月30日××大学教发中心共开出了23期线上教师培训与咨询，教师参与达1361人次。还通过网络面向师生发放了线上教学调查问卷，从学生对线上教学的满意度评价来看，接近98%的学生认可线上教学，近80%的教师愿意在线下教学中继续结合线上方式进行。

我：嗯嗯，线上教学的满意度很高，适应变化终有所收获。

H：的确如此，本次大规模线上教学虽然是因疫情而起，但客观上却是到目前为止一次最大规模的线上教学培训会和动员会，更新了教师的教育教学理念，提高了广大教师线上教学能力，取得了很好的效果，为我校进一步推进信息技术与教育教学的深度融合打下了扎实的基础，具有里程碑意义。

我：除了大学教师发展中心内部努力之外，您希望从大学教师发展中心外部获取什么帮助和支持吗？

H：我们大学教师发展中心的内部努力很重要，但是要更好发展，离不开外部支持。疫情之后感觉资源匮乏的时刻还是很多的。一方面希望实现大学教师发展中心独立运行，减少行政职能，避免行政事务。另一方面也希望获得更多的资源，比如活动场地、经费、设备、人员编制等方面的大力支持。

我：除了上述资源保障等需求，您还有其他期待吗？

H：当然会有更多期待，比如，希望得到学校领导的重视与支持，获得学校教师们的认可、支持与积极参与，也希望能更好协调与其他职能部门和院系的关系。

我：哈哈，2020年，贵校除了应对日常教学，其他工作被迫中断吗？

H：其他工作也在正常进行，比如专业建设情况取得了突破性进展。加强专业动态调整和一流专业建设。2020年获批"人工智能""智能建造""音乐表演"3个新专业，组织"储能科学与工程""密码学""数据科学与大数据技术"3个新专业的申报。2020年获批教育部"强基计划"专业7个，开展了2020年度一流本科专业建设点推荐申报工作，推荐"信息与计算科学"等28个专业申报2020年国家级一流本科专业建设点，"统计学"等10个专业申报2020年省级一流本科专业建设点。

我："四新"建设改革有进展吗？具体推进情况如何？

H：我校大力推进"六卓越一拔尖"及"四新"建设。积极推进"新工科""新医科""新文科"建设与改革。2020年成功开设相关本硕博人才培养实验班，深入推进"四新"人才培养教育教学改革。持续推进机械、电气等13个传统工科专业卓越工程教育培养计划，探索生物医学工程等专业学科交叉人才培养改革。获批物理学、生物科学、计算机科学、基础医学4个"基础学科拔尖学生培养计划2.0基地"，并推荐化学、数学、哲学学科、张培刚经济学、力学、药学共6个拔尖学生培养基地申报2020年度基础学科拔尖学生培养基地。积极申报新工科项目，2020年6月，教育部公布结题验收结果，我校牵头完成的3项首批新工科研究与实践项目均获得优秀，优秀率为100%。2020年10月，教育部公布立项结果，我校牵头的7个项目获批第二批新工科研究与实践项目。

我：2021年疫情反复无常，对创新创业有直接影响吗？

H：疫情对创新创业教育影响不大，我校通过不断优化创新教育顶层设计，探索本科生教育与研究生教育有机衔接的一体化培养模式，构建一体化的培养方案，扎实推进"一制三化"。修订2021级各类拔尖创新人才教育培养方案，将立德树人理念融入创新创业教育中，点亮课程思政红色基因。在实验班毕业生中探索实施创新创业电子单。在第七届"互联网+"全国总决赛中，获得4金5银3铜，金奖总数位列湖北省第一，金牌总数保持全国第二，学校获得"先进集体奖"及"红旅先进集体奖"。举办3期本科生科研沙龙、开展了特优生创新年会。完成我校双创示范基地验收和三年建设方案，创新创业教育改革示范高校阶段性总结等工作。成功举办中美青年创客大赛并获最佳组织奖。

　　我：嗯嗯，谢谢您介绍疫情之后的学校教师教学发展中心情况，迎难而上取得了丰硕成果，这些都为大学教师发展中心的组织变革提供了比较好的组织基础。

　　（材料来源：H大学教师教学发展中心2020—2021年度专访材料摘选）

## 第四节　基本结论

　　目前我国大学教师发展中心主要是在教育部相关宏观政策指导下自上而下成立的。近十年来，在我国大学教师发展中心的普遍设立以及教师培训项目的普遍开展过程中，我国一大批高校发挥着主导作用，在完善现有教师培训项目的基础上，积极开发和挖掘大学教师发展新项目，优化大学教师发展培训体系，不断完善大学教师发展中心的职能，呈现出蓬勃发展的态势，取得了一些建设成果，主要表现：在理念上，大学教师发展中心的工作人员对各自大学教师发展中心的定位已经有了初步认识，更多地将大学教师发展中心定位为研究性和服务性的组织机构。在组织结构上，各高等学校结合自身实际，形成了人员规模各不相同、级别高低不同的大学教师发展中心编制体制，大部分挂靠在某一行政职能部门，专兼职人员队伍是以5人左右为主的工作团队。在活动安排方面，形式丰富多样，但以教师培训、教学竞赛为主。

　　本章通过文献梳理，从组织文化和组织结构两个维度设计问卷调查项目和访谈提纲，经过意见征询和初步验证，编制正式调查问卷并对调查结果进行分析，梳理了我国大学教师发展中心的建设成果，总结了我国大学教师发展中心建设存在的主要问题和基本结论。通过从组织文化和组织结构两个维度进行问卷调查和访谈，获取了一定量的研究数据，在对数据分析的基础上得出了基本结论，发现我国大学教师发展中心组织建设现状中主要存在的问题：大学教师发展中心的性质尚不够明确，其学术性未能完全凸显；组织机构尚不健全，缺乏独立性；功能尚不够完善，其专业性有待提高；影响力尚不够大，其带动作用有待提高。

## 一、大学教师发展中心的性质尚不够明确，其学术性未能完全凸显

随着"以学生为中心"的"新三中心"教育理念发展，我国大学教师发展中心组织变革也面临许多重大理论和现实问题，急需总结反思和用科学理论指导大学教师发展中心进行组织变革。基于院校研究层面探索大学教师发展中心的组织建设路径，显得尤为重要和迫切，由于绝大部分的大学教师发展中心仍处于摸索前进时期，许多方面仍需要进一步调整、完善与加强。尽管大部分大学教师发展中心已经较为明确地定位在"以提供教学资源/教学服务为主的服务性组织"和"以提供教育教学研究/教师发展研究为主的学术研究机构"，但从实际组织活动来看，其服务性和学术性还明显不够。目前，许多大学教师发展中心的工作任务仍主要集中在大学教师培训和大学教师教学竞赛方面，为大学教师提供的教学服务还比较有限。有些大学教师发展中心没有专家团队，不能为大学教师提供多样化、个性化的教学指导服务；有些大学教师发展中心主要从事行政事务性质的工作，对教师发展、教学与课程建设等没有进行系统深入研究。调查结果显示，只有25%的大学教师发展中心"定期且经常开展大学教师教育/大学教师发展/大学课程建设相关的研究"，仍有将近72%的大学教师发展中心没有开展过相关研究，而且有3%的大学教师发展中心并没有在未来开展学术研究的计划。然而，真正意义上的大学教师发展中心应该是一个兼具行政机构和学术机构双重性质的机构，它应该能够依靠其自身专业学术权威来为大学教师发展提供教育教学方面的咨询和指导服务以及学术资源的供给服务。但目前很多大学教师发展中心还难以做到这一点，更多体现出的是行政机构的性质，仍受到诸多行政工作的束缚。

## 二、大学教师发展中心的组织机构尚不健全，缺乏独立性

从组织机构来看，大学教师发展中心的隶属关系以及与其他职能部门之间的关系，决定了大学教师发展中心还未能完全成为一个独立机构。很多大学教师发展中心仍然受制于某一职能部门的管理，只是职能部门的一个附属机构，不能独立建制和独立运行，许多工作不能自行独立设计与开展。在被调查和访谈的35个大学教师发展中心里，大部分大学教师发展中心以挂靠某一行政职能部门为主，教务处、人事处等部门临时安排几名工作人员兼职负责大学教师发展中心的各项事务，大学教师发展中心主任由职能部门的负责人兼任。在工作职责上，大学教师发展中心没有很好地与其他职能部门区分开来，其设立的必要性、特殊性、合理性难以体现。有90%的被调查者认为大学教师发展中心与学校其他职能部门的工作存在交叉重叠。存在工作交叠，容易产生工作权责不清、相互推诿；而且，如果大学教师发展中心的大部分工作，比如大学教师培训、教学竞赛等，在高等学校其他职能部门也同样能负责完成，那么，专门成立大学教师发展中心的价值与意义就会被大大削弱，同时也很难摆脱原有管理体制的约束，很难在工作上进行大胆的改革尝试和寻求发展的新突破。

## 三、大学教师发展中心的功能尚不够完善，其专业性有待提高

从大学教师发展中心设定的工作目标和已经开展的工作内容及其效果来看，其功能主要体现在促进大学教师教学观念的整体转变、提升大学教师的教学能力与水平，但还有一些重要功能至今仍然没有充分发挥。

一是大学教师发展中心对教师专业成长的关注度还不够高，没能很好地发挥帮助大学教师专业发展与职业规划的功能。大学教师发展中心更多的是关注大学教师的整体发展，对大学教师个体需求关注不够。

二是大学教师发展中心对大学教学过程中的学生及其学习关注度还不够高，未能充分发挥促进教与学一体化发展的功能。据了解，有一些大学教师发展中心不开展与学生学习相关的活动，主要是因为会与校内其他职能部门，比

如学工处的工作职责存在交叉重叠，还有的大学成立了专门的学生学习促进中心，由大学教师发展中心分管这块工作。但是，对于大部分没有设立学生学习促进中心等关注学生学习的组织机构的高校来说，学生学习能力提高该由哪个部门来关照更为合适？教与学有着天然的内在联系，大学教师发展中心应该担负起这个责任，发挥促进学生学习、提高人才培养质量的功能。

### 四、大学教师发展中心的影响力尚不够大，其带动作用有待提高

大学教师发展中心的影响力包括两个方面：校内影响力和校外影响力。就校内影响力而言，大学教师发展中心面对的应该是所有大学教师群体，包括行政管理人员、研究人员、教辅人员以及学生群体。但是，从调查情况来看，大学教师发展中心组织的活动只是面对部分专任教师，尤其是新进大学教师和青年教师。在调查中，有专门问及大学专任教师参加中心活动的比例，大部分中心在50%以下。而且，据访谈了解，不少大学内仍有很多教师及其他教职员工，他们并不知道学校有成立大学教师发展中心这样的部门。大学教师发展中心在校内的宣传力度和感召力很弱，这对于其要实现营造良好的教学氛围、培育教学文化的功能发挥还有一定差距。

从校外影响力来看，大部分大学教师发展中心只是专注校内大学教师教学技能提高，在对校外其他高校的辐射、带动和相互促进作用方面，没得到足够的重视。调查中，对于"带动区域大学教师教学的共同发展"这一工作目标的重要程度和达成程度都被排在倒数第二位，而对于"对外交流与服务"这一工作内容的举办程度和有效程度也不是很高，仍有29.63%的大学教师发展中心没有开展过对外交流与服务，且有11.11%的大学教师发展中心在未来一个时期也没有打算开展对外交流与服务活动的计划。

大学教师发展中心要有一种积极走出去的观念，多与国内外其他大学教师发展中心建立联系，交流大学教师发展中心的经验，探讨大学教师发展中心组织建设的思路，部分有条件的高校还可以承接其他高校大学教师发展的培训活动，实现组织资源共享，进一步提高大学教师发展中心组织的影响力、示范性和知名度。

# 第三章
# 我国大学教师发展中心组织变革的演进逻辑

　　大学教师发展中心组织的创建、生存和发展，尤其是组织有效性的提升不是单纯的技术性问题，关涉组织演变的路径及影响因素，尤其是组织文化和组织结构的变革。从根本上说，大学教师发展中心组织是人们为了克服单个大学教师的局限性而组成的，大学教师为了实现某种目的而自发组成教师学术共同体组织或主动加入大学教师发展中心，但是每个大学教师发展中心组织在帮助教师实现目的的方法手段、程度和过程上却表现得千差万别。有的大学教师发展中心蓬勃发展，有些大学教师发展中心却难以为继；有些大学教师发展中心令人满意，而有的大学教师发展中心却令人生厌，甚至使本校教师避之不及或逃离；还有一些大学教师发展中心组织形同虚设，这关涉大学教师发展中心组织的有效性问题。是什么决定了大学教师发展中心的生存、发展及有效性呢？如何理解并提高我国大学教师发展中心组织的有效性？大学教师发展中心具有怎样的组织形态、组织文化、组织结构和组织运行机制才能取得令人满意的有效性？这是大学教师发展中心组织变革面临的现实问题。

# 第一节　我国大学教师发展中心组织演变的路径及其动因

任何事物都有一个历史发展过程，大学教师发展中心组织也不例外，厘清大学教师发展中心组织变革演进的脉络至关重要。大学教师发展中心组织变革的历史实际上是高等教育大众化背景下，高等教育质量发展变化的历史。大学教师发展中心的组织变革只是我国高等教育变革宏观背景下一个很小的缩影，我国大学教师发展中心在高等学校的组织形态中，处于神经末梢的位置，兼具学术和行政双重属性。在我国大学组织变革洪流中，大学教师发展中心的建立及其组织变革属于基础性变革，不属于基层组织变革，大学教师发展中心与院系基层组织有本质区别。

## 一、我国大学教师发展中心组织演变的路径

### （1）大学教师发展中心组织演变的发生学及其方法

大学教师发展中心，只有从发生学角度来研究它的起源，才能真正弄清其本质。大学教师发展中心现在"是什么样子"，为什么会成为"这个样子"？如何改变？这些问题不能仅仅用现在的状态和影响因素来解释，一种有效的方法就是看"它是如何发生的"，进而又是如何"自我强化的"，然后是如何被锁定而"成为现在的样子"。所谓大学教师发展中心组织变革，是要改变现在的模式，但现在的模式不会轻易改变，需要追溯它的发生。

大学教师发展中心组织演变的过程，也会产生路径依赖。"路径依赖"理论（Path Dependence）最早是美国经济学家保罗·大卫（Paul David）在1985年提出，之后由阿瑟（W. Brian Arthur）进一步凝练形成了技术发展中的路径依赖的系统思想。道格拉斯·诺斯（Doglass Nort）最后将这一理论延伸到

社会制度的变迁领域，建立了制度变迁中的路径依赖理论。他认为，路径依赖犹如物理学中的惯性，一旦步入某路径，无论好坏，都可能形成对这种路径的依赖。好的路径会对系统发挥正反馈作用，通过惯性和冲力产生飞轮效应，使系统发展进入良性循环；不好的路径会对系统产生负反馈作用，犹如厄运循环，系统可能被锁定在某种无效率的状态下停滞，这些选择一旦进入锁定状态，脱身就会困难。[①]

发生学原本是指在地球历史发展过程中生物种系的发生和发展研究。种系发生的研究手段通常是化石、形态学和解剖学特征的比较研究，现存生物的个体发生研究，如DNA分析。"发生学"重点研究的是事物发生的"源头"和发展的"内在机理"。

发生学方法是反映和揭示自然界，人类社会和人类思维形式发展、演化的历史阶段、形态和规律的方法，其主要特征是将研究对象作为发展的过程进行动态的考察。运用发生学方法，就是要转变研究范式，从静态的现象描述转变为动态的历史发生学分析，从注重外在形式、要素的研究转变为注重整体内容与功能的研究，从主客体相互作用的结果转变为主客体相互作用的过程的研究。从事件与现象的历史性研究转变为观念的逻辑性研究。

**（2）大学教师发展中心组织演变的发生学分析**

从发生学的角度审视大学教师发展中心组织，不同于历史学和起源学，不是解决"何时"的问题（when），主要是"为何、如何"的问题（why，how），大学教师发展中心组织"为何产生"以及"从何产生"，最终如何产生这种路径依赖？

我国大学教师发展中心的发生"路径"，起源于作为雏形的学科教研室，这是大学教师发展中心的起点或"原始路径"。它萌芽于学科教师自身发展的需要，逐渐形成了"国家—区域—省"三级教师培训体系，继承了学科为单位的组织结构模式，扩充了学科教研室的培训规模，总体形态没有质的变化。20世纪80年代，部分高校创新性地建立大学教师发展中心，2012年

---

① 盛昭翰，蒋德鹏. 演化经济学［M］. 上海：上海三联出版社，2002：17-26.

教育部启动国家级教师教学发展示范中心，政府自上而下政策扶持，大学教师发展中心进入了快速发展阶段。经过将近10年的快速发展，目前进入冷静反思调整阶段或内涵式发展阶段，主要是制度与行动者行为的互动关系造成一种"自我强化机制"，最终形成大学教师发展中心自上而下的路径依赖，大致经历了"新技术或新制度的发生—产生效益—激励—自我强化—锁定—路径依赖"。

一方面，大学教师发展中心组织演变的基本动因是学科分化与学术职业发展，包括外在动因、内在动因、深层动因三个层面。我国大学教师发展中心组织演变的外在动因是随着高等教育从精英教育阶段进入高等教育大众化、普及化阶段，高等教育质量受到公众的普遍关注和质疑，通过大学教师发展中心的组织支持促进大学教师发展，提升高等教育质量。

学科知识内部矛盾运动是刺激大学教师发展中心组织动态更新的内在动因，知识分化呈几何级数增长，学科交叉与综合更有利于知识创新，这些属于知识本身发展的需要。外在动因与内在动因相结合，形成以实践问题为导向的知识生产方式，以便满足社会发展进步的需要。

大学教师发展中心组织演变的深层动因在于消解大学组织内部科层制结构、单一学科设置院系、学科综合性不强等弊端，通过大学教师发展中心组织变革为人才培养提供学科交叉与综合的发展平台，打通大学内部组织结构以及大学与外界沟通的渠道，提高人才培养质量。

另一方面，大学教师发展中心组织演变的基本逻辑和变革方式。大学教师发展中心组织变革的基本逻辑是寻求知识逻辑与社会逻辑相统一的过程，自组织是大学教师发展中心组织变革的基本取向，马赛克文化是大学教师发展中心组织变革的基本特征。从自组织的核心要素及管理模式、去中心化和组织扁平化、"互联网+"时代的组织结构变革等方面优化转型是大学教师发展中心自组织的变革方式。知识活动与思想自由是大学教师发展中心组织动态变化生成的必要条件；大学教师的能力变迁及能力重构是大学教师发展中心组织变革的实践主线和价值诉求。

## 二、我国大学教师发展中心的组织元素演变

美国学者萨缪尔·P·亨廷顿（Samuel P. Huntington）从人类社会发展的宏大背景来观察制度，认为"制度是人们在社会生活中自然形成和创造出来的决定人们行为的文化现象"[①]。从萨缪尔·P·亨廷顿定义制度的学理逻辑来看，抽象的文化与有形的组织、规则并非绝缘，而是紧密联系的。文化实质上可视为组织所拥有的一种共同价值观和态度，是惯例、符号或认知的网络，是行动的模板，是意义的框架。不难看出，这种理论逻辑同新制度组织学派的理论主张不谋而合，都高度重视制度的文化—认知因素。

美国知名组织社会学家W·理查德·斯科特（W. Richard Scott）认为，制度包括为社会生活提供稳定性和意义的规制性、规范性和文化—认知性要素，以及相关的活动与资源。[②]换言之，制度既包括最为固定和外显的规章制度，也包含共同价值观指导下的个体行为规范体系，同时涵盖文化—认知状态，[③]此外，还包含不断地生产和再生产着规则、规范和文化—认知等符号性要素的活动以及维持它们的资源。显而易见，这种制度概念包含丰富的内涵，它揭示了制度的多层次性，将制度理解为由符号性要素、社会活动和物质资源构成的持久社会结构。较之传统社会学研究中将"制度分析"与"文化分析"予以严格区分的倾向，W·理查德·斯科特对制度的这种解释模糊了制度与文化之间的界限，倾向于将文化本身也界定为制度。毫无疑问，这充分体现了新制度主义高度重视制度的文化认知因素的理论特质。

大学教师发展中心组织包含组织战略、组织技术、组织资源、组织文化、组织结构、组织功能等诸多元素，从学理逻辑来看，要素融合，去粗取精，在制度概念上采取新制度主义组织理论中，美国知名组织社会学

---

① 〔美〕萨缪尔·P. 亨廷顿. 变革社会中的政治秩序［M］. 王冠华、刘为译. 上海：上海人民出版社，2008：12.

② 〔美〕W·理查德·斯科特. 制度与组织——思想观念与物质利益［M］. 王凤彬等译. 北京：中国人民大学出版社，2010：56.

③ 史静寰，郭歆. 院校与研究生教育的制度创新［J］. 教育研究，2005（06）：13-19.

家W·理查德·斯科特对制度的综合性界说。他认为规制性、规范性和文化—认知性三种制度要素或制度层面，以相互独立或相互强化的方式，构成了有机统一的、强有力的分析维度，这种分析维度既能容纳又能展现大学教师发展中心组织的结构性力量，因而是具有弹性的分析维度和包容性的模型，[①]本书将上述制度要素一并归纳为组织文化因素，形成组织文化的多层次特征。

"制度化"是指制度形成的具体过程及实际结果，既可以是过程，也可以被看作一种状态或属性变量，[②]我们从静态和动态两个角度来考察：从动态角度看，制度化概念作为一种特殊过程，描述的是某种制度得以逐渐确立的过程，即特定群体和组织活动从特殊的、不固定的方式向被普遍认可的固定化模式的转化过程。从静态角度看，制度化概念作为一种状态，在制度得以确立之后，特定群体和组织的社会生活，在制度规范作用下形成的稳定有序的情形。从语义学考察，制度化体现群体或组织不断变化发展、逐步成熟的过程，表现为整个社会生活规范化、有序化的变迁过程。大学教师发展中心组织文化的多层次特征主要体现为制度化的过程，大致可归结为三个方面，包括确立共同的价值观念、制定规范以及建立机构。大学教师发展中心组织文化作为制度化的结果，则是组织活动经由制度的规范功能而呈现出稳定有序以及模式化的秩序或状态。[③]

大学教师发展中心组织变革围绕组织使命，存在两个向度：一个是通过组织结构实现组织的正常运转功能（比如隶属关系）；另一个向度是组织文化。组织内部的职责分工（比如制度建设），依靠组织文化凝聚和协调内部冲突。组织文化和组织结构这两个向度并非彼此独立存在，它们是大学教师发展中心组织不可分割的两个方面，就像一枚硬币的正反两面一样，合为一

---

① ［美］W. 理查德. 斯科特. 制度与组织——思想观念与物质利益［M］. 姚伟、王黎芳译，北京：中国人民大学出版社，2010：59.

② Zucker, Lynne G..The Role of Institutionalization in Cultural Persistence［J］. American Sociological Review，1977（42）：728-730.

③ 陈金圣. 大学学术权力的制度化建构［M］. 北京：中国社会科学出版社，2014：12.

体，一体两面，共同指向组织使命的完成。大学教师发展中心的组织文化是组织成员共同拥有的价值体系，蕴含于大学教师发展中心的组织结构，主要体现组织对内部成员的关注程度。人是目的而不是工具或手段。自组织理论的人本思想，重视组织成员的个性发展，把大学教师发展中心组织成员的发展作为组织活动的出发点。

## 第二节　不同组织文化背景下大学教师发展中心的组织演进脉络

大学教师发展中心属于学术共同体组织，其成员来自不同学科，具有一定的文化差异性。学科先于组织而产生，学科是知识的领域和学者们的共同体。组织是有了学科知识和学术共同体之后产生的学科物质载体，是学科外化的一种形式。不同学科文化虽然具有差异和冲突的一面，但都属于学术文化的一部分，有融合的趋势和可能。整个学术群体的组织文化是所有学术人所普遍具有的坚持真理、遵守学术道德、追求学术自由等普世价值，是不同学科学者所共有的理想信念，外显为规则制度、行为模式和精神文化等。现在学科组织的制度化程度越来越强，使学科组织成为一个封闭的、具有浓厚行政色彩的部门组织。大学教师发展中心作为学术共同体组织，重视学科交叉融合，弱化学科疆域，兼顾教师个体学习和学术共同体组织两种模式的各自特征，将组织文化作为探讨大学教师发展中心知识管理和知识创生的重要工具，超越学科本源的含义，把学科文化看作学术文化中的一个子集，是大学教师发展中心组织文化的一部分。

## 一、中外大学教师发展中心组织建设的背景溯源

国外的大学教师发展中心组织，通常是作为高等学校教学质量保障体系的有机组成部分，已存在60多年的历史，发展比较成熟。国外大学教师发展组织，其目的是为了给本校大学教师发展提供一系列计划和服务，多为实践性、经验性服务。美国大学教师发展中心起源于美国学术委员会的一项教师发展决议案，它由美国高校依据教育主管部门要求或者依据本校未来发展目标而自行建立。美国大学教师发展中心组织化始于20世纪60年代密歇根大学的教师与教学发展中心，进入20世纪90年代，美国大部分高等学校设置了大学教师发展机构。英国大学教师发展机构始建于20世纪70年代，80年代以后在英国获得迅猛发展，日本大学的教师发展机构于20世纪90年代起步发展。

国外大学教师发展中心基本上是一个顺其自然发展的过程，其理论基础是教育民主化思潮、教育机会均等、教育公平理论。西方国家大学教师发展中心在与我国完全不同的教育体制下运行和发展，其实践经验可以借鉴，不可以移植，需要慎重考虑国情和文化差异。我国大学教师发展中心组织建设总体表现为一种国家发展战略和政府行为，只有立足于中国国情和中国高等教育实践，立足于我国大学教师的基本特征，创造性地发展我国大学教师发展中心组织，才能真正促进我国大学教师走向卓越，提升我国大学教师专业能力，提高我国高等教育人才培养质量。

我国大学教师发展中心组织的溯源观点各不相同，但事实脉络清晰一致。有学者把1950年教育部颁布《高等学校暂行规程》，提出建立教学研究指导组作为大学教师发展中心的雏形。有学者追溯，1985年教育部在北京师范大学和武汉大学分别设立了高等教育教师培训与交流中心。与此同时，教育部在6所直属师范大学建立了6个区域性教师培训中心，负责开展大学教师继续教育的一系列工作。有学者认为，每个省、自治区和直辖市，均选择了本省具有教学水平高、教学设施齐全、教学质量好的一所师范大学，作为本省的大学教师培训场所，这是我国大学教师发展中心组织的起源，也有学者认为这是走向组织成熟的阶段。

在大学教师发展组织建立的过程中，所面临的首要且最重大的问题，莫过于大学教师发展中心的角色定位和组织文化界定。角色定位是人们赋予组织的社会责任，是对组织必须承担的社会责任的肯定，是对组织的价值选择、应然价值判断和价值追求的明确表达。在大学教师发展中心的建立过程中，没有一个明确的角色定位，就意味着没有既定的组织属性和发展方向、没有日常工作的行动指南、没有形成凝聚力的指导思想。以我国"双一流"高校教师发展中心网站所呈现的"主要职能和发展目标"为对象进行梳理，列举国内外部分大学教师发展中心一览表。我国香港和我国台湾的大学也效仿、学习借鉴美国等国家做法，设立了类似的组织机构，香港大学、香港科技大学、香港中文大学、台湾大学都设有此类促进教师发展的专门机构。如表3-1所示。①

表3-1　国内外大学教师发展中心主要职能一览表

| 序号 | 区域 | 学校 | 中心名称 | 主要职能 |
|---|---|---|---|---|
| 1 | | 清华大学 | 教学研究与培训中心 | 教师岗位达标培训、教育技术与培训、质量评估等优质资源 |
| 2 | | 厦门大学 | 大学教师发展中心 | 开展教学科研、区域服务、国际交流合作等 |
| 3 | | 华东师范大学 | 大学教师教学发展中心 | 打造大学教师培训队伍、优化课程结构、探索培训与管理模式、丰富教学资源 |
| 4 | 国内 | 西南大学 | 大学教师教学发展中心 | 开展教学培训、高校教学咨询与服务等活动 |
| 5 | | 香港大学 | 教与学促进中心 | 教师发展、教学评价、教学研究、课程改革 |
| 6 | | 香港中文大学 | 学能提升研究中心 | 教学评价、教学设计、教学咨询、网上学习 |
| 7 | | 台湾大学 | 教学发展中心 | 规划研究、设计课程、教学咨询、推广多媒体教学 |

---

① 各大学教师发展中心主页。

| 序号 | 区域 | 学校 | 中心名称 | 主要职能 |
|---|---|---|---|---|
| 8 | 国外 | 密歇根大学 | 教与学研究中心 | 多元化的教学与学习、跨学科教与学、学生学习评估、教育技术、未来教师培训 |
| 9 | | 哈佛大学 | 博客教学与学习中心 | 课堂教学的支持、教学评价与反馈、教学研究与出版 |
| 10 | | 牛津大学 | 牛津学习中心 | 学术研究、研讨会、教学咨询、支持新进教师、职业规划 |
| 11 | | 斯坦福大学 | 教学与学习中心 | 教员会议及研讨会、教学咨询、教学评价 |
| 12 | | 名古屋大学 | 高等教育研究中心 | 完善FD项目、新任教师研讨会、课程评价调查 |

诚然，最初的教学研究指导组由一种或性质相近的若干种科目的教师组成，作为教学基本组织有重要开端价值，但是不管是教学研究指导组还是后来的两个国家中心、六大区中心和省级师资培训点等继续教育形式，都是不同阶段我国大学师资队伍培训的重要载体，承担了大学教师师资培训任务，提升了大学师资队伍的建设水平。但是，这些我国学术界真正关注并引入"大学教师发展"概念并落实到大学教师发展的时间，应该缘起于2006年10月，厦门大学举办了以"大学教师发展"为主题的研讨会，推进了我国大学教师发展的实践进程。北京大学、上海交通大学、北京理工大学也纷纷自发成立了大学教师发展组织，职能聚焦教师发展和教学研究。2010年以后，国家政策层面对大学教师发展中心的研究、实践与创新予以关注，大力推动大学教师发展中心的组织建设和发展。大学教师发展中心在国家政策主导下如雨后春笋般涌现，大学教师发展中心为大学教师发展实践提供了重要的组织基础。我国大学教师发展中心机构设置和运行呈现四种模式：重整旗鼓型、资源整合型、依托挂靠型、名存实亡型。大学教师发展中心的组织建设水平和工作范围差别很大，大学教师发展中心的实际运作也是无章可循、千奇百怪，为了更好地促进大学教师发展中心的良性循环和发展过程，探讨、论证、创新大学教师发展中心的组织文化和组织结构非常重要。

在我国，自从2012年教育部启动国家级大学教师发展示范中心建设工作以后，更多的高等学校开始筹备建设本校教师发展中心，研究教师发展中心的运行机制。根据相关文献和调查研究，内地高校较早成立大学教师发展机构的大学有北京大学（2007年）、中国海洋大学（2007年）、陕西师范大学（2008年）、西南大学（2009年）、东北师范大学（2009年）、上海中医药大学（2009年）、南京师范大学（2010年）等。中国人民大学教师发展中心成立于2011年，2012年被评为国家级教师发展示范中心。作为学校教师发展的研究、规划、评价与保障机构，中国人民大学教师发展中心在职能配置和运行机制上均有别于传统的行政管理部门，我国大学教师发展中心也基本上像中国人民大学教师发展中心一样，"秉持从自我提升向组织规划转变，从教师培训向教师发展转变，从教师管理向教师服务转变，从促进教学向深化改革转变的四项原则，致力于将大学教师教学发展中心建设成为教师生涯的加油站、教学经验的聚宝盆、教育科研成果的孵化器、教学改革的制高地和学校战略的推进器"①。

## 二、中外大学教师发展中心组织文化背景述评

2012年教育部资助建立国家级大学教师发展示范中心以后，我国各高等学校的大学教师发展中心如雨后春笋般迅猛发展，随着外部环境的急剧变化，各高等学校的大学教师发展中心面临的挑战日益增多，为了提高自身的竞争力，大学教师发展中心不仅要实现组织目标，而且要寻找既快又好达成组织目标的方法，组织文化是大学教师发展中心内部环境的重要组成，加强大学教师发展中心作为现代组织的有效性对组织文化建设提出了更高要求。2019年新型冠状病毒感染疫情之后大学教师发展中心组织活动进展如何？结合问卷调查和访谈材料，我们遴选中西部两所国家级教师发展示范中心，将中西部两所大学教师发展中心2020年度工作情况访谈资料摘录对比，发现我国大学教师发展中心作为现代组织的有效性均经受住了疫情的考验。我国大

---

① 中国人民大学教师发展中心网页［EB/OL］. http://ctd.ruc.edu.cn/web/centerintro.php.

学教师发展中心的组织文化基于价值共同体，具有明确的价值主张、教师之间有合作意愿，价值链的各个环节按照整体价值最优原则进行设计，相互衔接、融合以及动态调整，具有比较好的兼容性，具体情况摘录部分访谈内容如下。

### 案例3-1　西部××大学教师专业能力发展中心工作访谈资料摘选

#### 一、疫情防控方面

根据上级领导部门的整体安排部署，做好了疫情防控工作，及时向防疫指挥部报备各项事宜，确保了中心各项工作的顺利推进。积极跟滞留中高风险地区及境外师生沟通联系多次，尤其是疫情期间，多名研究生出现了严重的心理问题，领导班子召开了多次专题会议，分管领导及研究生秘书先后20余次跟学生及家长进行了电话沟通和面对面谈话，确保了疫情期间多名学生心理及思想问题的及时解决和平稳过渡。此外，联合思维智汇特别发布了"促进学生思维发展"的线上公益资源，为教师、家长和学生三方群体带来了非常时期的温暖。

2020年，支部全体党员在疫情期间上缴特殊党费支持防疫工作2次、组织处级干部和科级干部参加了学校党委组织部组织的专题培训3次、组织青年教师参加网络专题培训1次；支部召开支委会7次、召开党员大会5次，书记讲党课2次，积极发挥了支部书记的"双带头人"作用和支部的战斗堡垒作用，将党建工作深入融合至业务事业的提升和发展中。

#### 二、科学研究方面

由于疫情的影响，2020年学术委员会以通讯方式召开。委员们认为，实验室一直围绕四个方向积极开展工作，取得了不错的成绩，并提出了相关建议：希望实验室在保持各方向均衡发展的前提下也要注重特色成果的突破，要进一步凝练研究方向，重点推广实验室成果在多领域、多年龄段人群学习能力提高中的实践与应用，从而对社会产生更大的影响力和贡献度。

2020年，实验室获批国家自然科学基金项目4项（获批率40%），省创新团队项目1项，全国教育科学规划项目1项，其他省级项目4项，校级交叉学科重点项目1项，累计争取科研经费880余万元；实验室研究人员共发表科研论文40余篇（其中SCI或SSCI一区4篇，二区6篇）；出版著作1部，共计37.5万字。

××教授团队的思维型教学成果实现了科技成果转化，是我校人文社科研究领域的标志性突破，合同总金额共计500万元，其中科技成果转让100万元，横向经费400万元。

10月25日—27日，第三届全国思维型教学大会在北京举行，20余位相关政府领导、国内外高校知名教育专家，50余位全国各地教育局局长、教研员，250多名中小学校长及1000余名教师参加了大会，此次大会基于核心素养下的新课程教学改革背景，聚焦自主探究与合作交流，引起了广泛的社会关注。

### 三、人才培养方面

青年教师方面。××教授领衔××省创新团队；××教授荣获××省第十一届基础教育教学成果一等奖和××省高校课堂教学创新大赛二等奖；××博士荣获"2021年××省青年科技新星"和"××省高校科协青年托举人才"荣誉称号；××博士后顺利出站，并以特聘研究员身份引进，留校工作。

研究生方面。2020年，举办学科交叉"硕博论坛"3期，发表学术论文20余篇，1名博士申请了××博士研究生自由探索项目，4位硕士获批研究生"创新基金"项目，2位研究生获2020年研究生国家奖学金。

2020年，实验室共招收研究生30名（其中博士4名）；17名研究生顺利毕业，其中3名硕士继续深造读博，分别就职于高等院校、中小学等事业单位及信息技术相关类知名企业，就业率达86%，在几个科研机构排名中名列第三。

### 四、社会服务方面

#### 1.服务基础教育

思维型教学基地发展迅速。在原有500多所实验基地的基础上，陕西省西安市、内蒙古包头市青山区、浙江省舟山市嵊泗县、河南濮阳县等区域成为思维型教学实验区，以及杭州文海教育集团、首都师范大学附属回龙观育新教育集团、首都师范大学附中中学教育集团、中国音乐学院附属北京实验学校教育集团等加入思维型教学实验基地，涉及实验学校400多所。以思维型教学理念引领区域或学校的课堂教学改革，产生了强烈的社会反响。

### 2. 服务高等教育

2月，为做好疫情防控期间本科教育教学工作，中心采用在线理论学习+直播教学相结合的培训方式，在BlackBoard平台上组织"在线直播教学与实践"专题培训。在BB平台自主开发了《在线直播教学与实践》指导课程，编写了6种网络教学软件平台的快速操作手册，举办3场专题直播培训，累计参加人数1300余人次，为教师开展在线教学提供整体解决方案和个性化指导；3月，共举办3期在线教学经验分享教学沙龙；6月—11月，联合教务处面向45名教师举办了新进教师教学能力发展培训；9月，协同人事处面向97名新进教师组织开展了岗前培训工作；面向全校青年教师设立了"教学模式创新与实践"专项基金项目33项，共资助研究经费18.15万元，在项目研究的过程中，围绕研究主题举办了17期教学沙龙，共有33位教师做了主题发言，500余位校内外教师及研究生广泛参与，有效促进了高校青年教师的教学研究，并汇编出版了《高校教学模式创新与实践研究（2018年）》；承办"第二届×高校课堂教学创新大赛"，组织我校参赛教师开展赛前培训和指导工作；提供个性化咨询与指导和专业化服务多次，帮助多名教师快速提升教学水平，促进其教学能力提升。

### 3. 服务学校教学科研发展

2020年，中心工作人员继续以超强的服务意识，保质保量为学校各单位的教学科研工作提供了技术支持和服务，优质完成了学校交托的工作任务：一是疫情期间为全校教师进行线上教学培训6批次近2000人；二是通过为学校其他兄弟院系提供教学场所，并配合相关学院录制和制作精品课程，提高了使用率；三是通过组织完成秋季全校近6000名本科生、研究生和教工的普通话测试工作；四是为我校第十三届青年教师教学基本功大赛等近10项校内外重大活动提供场地、技术服务及保障。

（材料来源：S大学教师专业能力发展中心2020年度工作情况访谈资料摘选）

## 案例3-2 中部××大学教师教学发展中心工作访谈资料摘选

### 一、工作亮点

**1.保持全国教学竞赛排名领先优势，在教师教学竞赛未来发展中优先布局**

2020年2月22日，中国高等教育学会发布"全国普通高校教师教学竞赛分析报告（2012—2019）"，××大学以奖项数量126项、总分100分的成绩，连续三年蝉联第一。

2020年11月9日，中国高等教育学会发布《全国普通高校教师教学发展指数（2020版）》，××大学以87.3分位居第四，在综合类本科院校中排名第三，分数较去年有所增加。

2020年10月，我校文学院××老师代表湖北省高校参加第五届全国高校青年教师教学竞赛，荣获文科组一等奖。至此，在前五届全国高校青教赛中，我校共有6位选手获一等奖。

今年的第十届校青教赛如期举行，初赛参赛教师近2000人，充分体现了"以赛促教"的大赛理念；复赛和决赛中涌现出一批优秀的青年教师，成为后期参加省赛和国赛的"种子"选手。

**2.沉着应对疫情期间教学变化，有效提升教师线上教学技能**

2020年春季学期受疫情影响，学校全面推进了线上教学。面对同样突如其来的教学新形势，中心团队迅速进行研判，确定了"博采众长+心理抗疫"的特殊培训方案。积极与清华大学、上海交通大学等高校合作，开展优秀教师的线上教学案例展示与分享，促进我校教师线上教学技能的提升；同时，根据教学进程多次召开线上教学沙龙和研讨，解决教学中出现的新问题。此外，中心还开展了特殊时期的师生心理"抗疫"、居家锻炼等讲座，充分体现了学校对教师的人文关怀。

**3.先行试点多种"线上工作坊"，积极拓展教师发展活动形式**

工作坊是教师发展工作专业领域内常见的一种活动形式，以主题聚焦和互动性强见长，能迅速提升教师的教学技能。今年受疫情影响，中心开发出全新的"线上工作坊"模块，根据线上教学规律精缩主题、重组内容，增加了多种线上教学平台使用培训，通过平台的分组、讨论等功能增强线上活动的互动性。

2020年7月以来，相继开展了"教学理念与教学技能提升工作坊"（医学部专期）、AWfP（学术论文写作与发表技巧）工作坊和研究生助教培训工作坊，为今后更好地开办线上教师培训活动积累经验。

**4. 加强宣传，营造我校教育教学文化，提升教发中心影响力**

根据今年的整体工作目标和工作重点，宣传工作进入模块化运作阶段，采取主题系列化和日常信息化相结合的方式，主要通过微信公众号平台，全方位、多视角地报道了教发中心的各项工作，有效提升了我校教发中心的影响力，受到校内教师群体、国内其他高校教发中心同仁的普遍关注。

**二、工作举措**

**1. 积极推进线上专家讲座、教学观摩、教学技能培训、圆桌会议等形式多样的教学培训活动**

2020年度学校教师教学发展中心开展教学沙龙、讲座、观摩、圆桌会议等培训活动共35次，较上一年度增加17次；参与人次数约为4778。详见下表（略）：

此外，在2019—2020学年度，各分中心组织并开展各类培训活动349次，较上一年度减少45.4%；培训人次数10092，较上一年度减少16.0%。

**2. 以第十届校青教赛为契机，全年开展"以赛促教"活动**

第十届青教赛的赛制仍然是学院初赛-学部复赛-学校决赛。受疫情影响，上半年的初赛延至8—9月份举行，采取推荐或选拔赛的形式进行；9月下旬，入围复赛的选手共计97人参加了学部复赛，遴选出30人入围决赛；11月6—7日，30名选手参加学校决赛，共产生特等奖1项、一等奖6项、二等奖11项、三等奖12项。

6月举行了第十届校青教赛的前置赛——微课比赛，共评选出一等奖3名、二等奖11名、三等奖16名和优秀奖23名。

教发中心在全年竞赛策划和组织工作中，注重推进"以学生为中心"和"以课堂为中心"的大赛理念，评分规则涵盖日常教学评价、教案设计和现场授课展示，力求全面展示和部分还原真实课堂；现场授课中增加学生评委打分，使大赛评选更具科学性。

各学院在赛程中举行了资深教师的备赛指导、同行观摩、赛后经验分享等活动，切实落实了"以赛促教"的大赛理念。

**3. 落实《××大学新入职教师本科课程教学准入制度实施办法（试行）》**

本年度7月开展了一期面向医学部教师的线上"教学理念与教学技能提升工作坊"，参加人数18人，均获得合格证。

拟于12月举办一期面向全校各专业教师的工作坊，聚焦"以学生为中心"的课程设计和课堂互动。

**4. 开展本科课程研究生助教的遴选与培训工作**

本年度开展了两学期的研究生助教遴选与培训，共计485人，其中硕士294人，博士191人，分别来自36个不同的学院（系、所、中心）。秋季学期初开展了线上培训，分为五个模块，内容包括师德师风、教学理念、"学习通"使用、"微助教"使用和专业知识等。

经培训合格的硕士和博士研究生分别担任基础通识课、公共数学、公共物理、大学英语（××学堂）课程助教，协助主讲教师完成课堂教学、教学咨询、辅导答疑、上习题课、组织课堂讨论等。

**5. 继续开展"教师教学发展专题研究项目"立项及中期检查、结题工作**

本年度继续开展"教发专项"立项工作，主要针对教师教学发展分中心建设、新教师、新开课、教学研究应用和教师教学发展研究进行资助。共立项28项，经费额度59万元。

对2018、2019年度的项目分别开展结题和中期总结工作，对受疫情影响的个别项目适当予以延期。

**6. 积极推进教师发展的国际交流与合作**

本年度与英国大使馆文化教育处签署"学术论文写作与发表"培训合同，暑期对全校60名教师进行为期一个月的线上培训。这是BC首次在中国大陆开设的线上工作坊，从培训内容、课程形式到反馈交流都是全新模块，为今后持续推进我校教师发展工作的国际交流提供了新的路径支持。

### 7. 加强中心宣传工作，提高信息化服务水平

加强中心"微信公众号"建设，坚持发布原创作品，优化学生新媒体团队进行运维，通过综合教师需求、信息阅读量、校内资源等数据提高信息化服务水平。本年度"微信公众号"共发布94期，约为去年的2.8倍，阅读总量37554，约为去年的5.5倍。

本年度重点推出"二十年青教赛映象"专访、第十届青教赛学院风采、微课作品展示等系列主题，采访对象涉及20年来历届青教赛一等奖得主、青年教师、教学秘书、专家评委、学生评委等，多视角展示教师教学发展活动。同时为学院（系）分中心活动开辟专栏，积极推动教育教学文化的培育。

### 8. 加快"教师教学发展空间"建设，集成各项服务功能

对工学部一号楼"教师教学发展空间"进行整体设计，监督施工以及购置设备和家具等，"空间"建成后将集成教发中心的各项服务功能，为更好地开展教发活动提供专用场地。

## 三、工作成效

### 1. 教师的线上教学技能普遍得到提升，教发中心的影响力和认可度日益增加

本年度突如其来的疫情给教发工作带来了困难，但同时也带来了挑战与机遇。疫情下的居家教学环境让线上沙龙、线上讲座的受众变得更多，也让大多数教师体会到了提升信息技术教学技能的必要性和紧迫性。中心顺势而为，积极寻求校内外合作，开展多期契合线上教学新特点和新问题的线上活动，有效提升了教师的线上教学技能与技巧。

教发中心各项工作坚持"以教师发展为中心"，始终围绕教师需求设计活动主题，确保活动的专业性，持续提升团队成员的管理水平，使得越来越多的一线教师积极响应并参与到教发活动中来，工作QQ群中教师成员已达730人，中心的影响力和认可度日益增加。

### 2. 以教学竞赛促进课堂教学和教学基层组织建设

本年度第十届校青教赛的成功举办，带动了各个学院青年教师参与本科教学的积极性，众多优秀教师在这次跨学科的平台上一展才华，这既汇聚了教师个人的努力，又展示出学科教学基层组织的建设成果。

我校教师连续五届共6人获得全国青教赛一等奖，展现了我校作为综合性一流大学强有力的学科优势，同时也是学科优势转化为教学优势的有力证明。历届优秀获奖教师的"传帮带"已经成为我校参加各级各类教学竞赛的传统。

**3.细化分类、分级培训，逐步形成适合我校教师发展的路径**

按服务对象划分，教发培训工作已形成研究生助教、新入职教师、在岗教师的分级分类培训模块，规模相对稳定。同时，根据教学技能新发展的态势，举办若干专题培训。教发中心的引领、帮助和服务职能越来越强，正在形成适合我校教师发展的路径。

（材料来源：××大学教师教学发展中心2020年度工作情况访谈资料摘选）

总体而言，通过访谈和梳理不同大学教师发展中心的组织文化，我们发现：组织文化的本质是行为习惯而不是概念，只有把组织文化从理念转变为基于价值共同体的行动，并且具有明确的价值主张、教师之间有合作意愿，价值链的各个环节按照整体价值最优原则进行设计，相互衔接、融合以及动态互动，具有比较好的兼容性的时候，组织文化的竞争优势和功能才能奏效和凸显。

大学教师发展中心组织的创新能力，依赖于组织成员的创造性，激活每个教师的创造性，为教师个体实现价值创造提供机会与条件。教师个体变得更强大、更有创造力，就具有更大的影响力，更有能力驾驭不确定性，更强大的教师个体也需要嫁接到更好的大学教师发展中心组织平台上面，才能更好地释放个体的价值。正如任正非先生所言："一个人不管如何努力，永远也赶不上时代的步伐，更何况在这个知识爆炸的时代。只有组织起数十人、数百人、数千人一起奋斗，你站在这上面，才能摸到时代的脚。"在后疫情时代，教师个体单打独斗应对不确定具有一定的局限性，借助大学教师发展中心组织的力量才会在与环境互动中具备驾驭变化的本质驱动力。

因此，大学教师发展中心组织管理在激活大学教师的基础上，还需要具有驾驭全局、应对不确定性的能力。面对突如其来的疫情，大学教师发展中心组织如何构建新情况新境遇中的价值共同体，除了从组织管理运行的逻辑、隶属关系、柔性化管理等方面做出改变以外，核心是大学教师发展中心的组织管理职能应该从管控转向赋能，组织文化应该从人为合作文化转向自然合作文化。新型冠状病毒感染疫情背景下，激活大学教师发展中心组织，打造价值共同体，为教师个体赋能，成为大学教师发展中心组织文化的新动向和新内涵。

我国大学教师发展组织呈现多元混合的组织文化特征，主要表现为两条路径：一是自然合作组织文化，侧重于大学教师自我发展路径。二是侧重大学教师团体发展路径的人为合作组织文化。根据加拿大教授哈格里夫斯（Hargreaves A.）的观点，教师合作文化包括两类：人为合作文化与自然合作文化。目前，我国大学教师发展中心的教学和科研活动，并非教师的专业发展需要，而是在外部约束或指导下，如各种法规和激励机制的引导下，形成的人为合作组织文化。人为合作组织文化规训与教化下的大学教师发展中心组织建设，容易流于形式，表现为随波逐流的状态，也容易忽视组织成员的个性特征，抑制大学教师的个性化需求和发展。

国外大学教师发展中心更多是自发成立的教与学促进中心，倾向于自然合作与自我发展的自然合作组织文化。伯克利大学的核心理念是：学术机构最重要的价值之一就是在思想自由交流和在对他人知识产权的尊重之间达成平衡，所以伯克利大学非常注重学术诚信文化的建设。"研究者在未经允许的情况下不能使用其他人的研究成果。教师讲课和学生写论文要正确使用引文，教师未经学生允许不能传播或出版其论文，学生没有教师的书面允许不能传播或邮递相关材料（讲义、考试卷、大纲等任何课堂材料）。每个学生提交的写有自己名字的考试试卷、论文和报告都必须是学生自己的成果，没有得到该门课程老师的书面同意是不能提交给其他课的老师的；写所有的作业，包括家庭作业、论文草稿等时如果要使用其他出版物、网站或其他资源上他人的观点，一定要正确引用，之前要跟任课教师或导师澄清。伯克利要求在校师生作为校园机构的一员，应该在所有的学术成果中体现正直，并使学术诚信和体现正直习惯成为自己的优点。"[①]斯坦福大学教学与学习中心为

———————————

① 林杰.美国大学教师发展组织和项目［M］.太原：山西教育出版社，2018：196.

本科生提供专门支持，特别重视以学生为中心。密歇根大学学习与教学研究中心和哈佛大学伯克教学与学习中心的组织文化也各有特色。

### 案例3-3　密歇根大学学习与教学研究中心

密歇根大学于1962年成立学习与教学研究中心，这是全美第一个大学教师发展机构。中心隶属于教务长办公室，服务对象包括教师、研究生助教与教学管理者，旨在为教师教学提供支持。中心专业人员由诸多学科的博士组成，可以提供全校性跨学科的服务项目，也可以针对不同学科的特殊需要提供专门服务项目。密歇根大学的教师发展中心致力于创建一种重视教学、尊重学习者个体差异、鼓励学习环境创新的校园文化。

密歇根大学创建大学教师发展中心组织的动因源于20世纪50年代大学本科生人数迅猛增长，师资力量严重缺乏，根本无法满足社会需求，密歇根大学的管理层为了解决现实问题而成立了大学教师发展中心。密歇根大学学习与教学研究中心的职责使命是："营造密歇根大学良好的教学文化，提高大学教师的教学水平和在校学生的学习质量，为来自不同文化背景的学生营造和谐的学习氛围环境，致力于提高在校学生的学习质量，推广教学研究成果。密歇根大学非常重视多元文化教学，设立了许多关于多元文化交流和发展的服务项目，这些项目旨在促进多元学习，包括社会更多元和与多元智能。中心还针对那些在课程内容中含有社会差异成分的教师，教给他们一些能够克服差异、实现社会公平的教学技巧，从而实现有效教学。中心推动密歇根大学大学教师成立学习社区（Faculty Learning Communities），其中之一是多学科的教师对话论坛（Dialogues Institute）"。[①]

### 案例3-4　哈佛大学伯克教学与学习中心[②]

哈佛大学作为世界一流大学，非常重视本科生教学，教师教学水平和质

---

① About CRLT［EB/OL］. http：//www.crlt.umich.edu/aboutcrlt/aboutcrlt.
② 林杰. 美国大学教师发展组织和项目［M］. 太原：山西教育出版社，2018：196.

量。伯克中心的建立将教师发展工作提升至学校组织的层面，自中心创建以来，哈佛大学给予中心持之以恒的支持。中心与各院系密切配合，主导着哈佛大学教师发展方向的基本内容和形式。

第二，哈佛大学教师基于自愿原则参与伯克中心开展的各项活动，主要为了解决工作学习中的困惑和职业发展需要。伯克中心的教学评价与教师教学评价密切相关，是教师获得哈佛大学终身教职的必要条件之一。这说明了哈佛大学珍视大学教师的卓越教学能力，把教学和学术研究真正放在同等地位，从制度上激励哈佛大学教师开展活动。

第三，哈佛大学伯克中心的人员组成多样化、专业化，还外聘各领域专家。他们不仅有教育理论专家，也有教学评价和教学诊断方面的专业人员，实践经验丰富，具有良好的沟通技巧，组织和协调能力强。哈佛大学伯克中心的教育资源和专业人员，不仅提供专业服务，还具有务实作风，使得教师与学生都积极参与各项活动。

通过历史和现实角度考察国内外大学教师发展中心组织文化的演进发现：大学教师发展中心的理想组织文化模式——自然合作组织文化，就像"流动的马赛克"，每个大学教师都是具有主观能动性的个体，有个性特征、各具特色，他们处于松散的、开放的、相对独立的分散又联合的状态，正是这种看起来松散又联合的自组织状态，构成了大学教师自然合作的组织文化形式。好的大学教师发展中心组织文化都具有自发、自愿、自主等自组织特点，自然合作组织文化贵在"自然"。

"流动的马赛克"组织文化的促进作用体现在以下方面。

第一，它促进大学教师之间的相互学习，相互促进，共同发展，使大学教师超越单纯的个人反思，不仅仅依赖外部专家。

第二，高校教师之间的分享和支持可以增加他们进行教学改革试错的勇气和信心，促进大学教师之间共同发展，促进高等教育改革落到实处。

第三，自然合作组织文化的最大优势之一在于"自我意识"觉醒。大学教师之间的合作不是行政强制，而是高校教师之间在自觉自愿基础上的深度自然合作，目的在于促进大学教师发展。[①]

"流动的马赛克"是理想的组织文化，需要搭建师生和高校教师之间民主平等的对话关系，大学教师与学生是建立在民主平等基础之上的对话关系。大学教师被看作平等中的首席，应该创造轻松和谐求知求真氛围，变师道尊严为良师益友，使知识在对话中生成，在交流中重构，在共享中倍增。当大学师生之间平等交流，大学教师的品格和精神才能深刻影响到大学生，这是大学教师发展中心组织文化建设不可或缺的途径。

# 第三节　大学教师发展中心的组织文化特征和类型

组织文化研究属于形而上学范畴，是影响大学教师发展的潜在深层次因素，应突破人为合作组织文化的规约，营造良好的自然合作组织文化的生态环境。构建形成自然合作组织文化是大学教师发展中心组织文化建设的发展趋势和方向。

## 一、大学教师发展中心的组织文化特征

大学教师发展中心的组织文化具有内部调整功能和外部适应功能。组织文化为大学教师发展中心组织的内部整合提供思想前提，具有自我凝聚、自我调节、自我完善与延续传承的功能，它帮助组织成员建立具体行为规范和共同价值观。组织文化并非一成不变，对大学教师发展中心组织适应外部环境，达成具体目标具有价值导向作用和现实指导意义。

---

① 于杨，景士伟，张贵新. 合作教师文化解读、构建及其影响因素［J］. 教师教育，2006（12）：49-51+59.

第一，大学教师发展中心组织的价值观是组织文化的核心部分。大学教师发展中心组织通常会设定目标，作为组织的终极目标，组织成员的目标被高度整合统一，形成强大的向心力，有利于大学教师发展中心组织开展工作，共同价值观支配着信念和具体行动。

第二，组织文化的核心要素是人本文化。大学教师发展中心组织由不同学科教师组成，重视学科交叉和综合，充分调动不同学科不同院系教师在组织建设中的活力，以人为本，激发活力，勇于实践组织文化的建设目标。

第三，组织文化是组织自我建构的体系，属于软管理。大学教师发展中心组织文化的重要特征和本质属性就是软管理，通过渐进的隐性文化熏陶，引导大学教师发展中心组织成员达成共识，最后形成自觉行动。

第四，大学教师发展中心组织文化建设的任务和目标，就是增强组织内部凝聚力。组织文化通过培育大学教师发展中心组织成员的核心价值观，使他们成为价值共同体，强化大学教师之间的同质性，促进教师相互信任合作，增加教师对大学教师发展中心组织的归属感，有利于促使组织内部达成统一行动。

## 二、大学教师发展中心的组织文化类型

大学教师发展中心的组织文化类型没有高低优劣之分。任何与组织的战略使命和环境相符合、相促进的组织文化，都是积极有效先进的组织文化。大学教师发展中心的组织文化与战略、结构以及环境相匹配，才能形成有效的大学教师发展中心组织文化，提高组织行动的有效性。

我们用竞争环境和战略使命构建二维象限，按照战略使命是聚焦内部或者聚焦外部，竞争环境是灵活还是稳定，构成两个维度四个象限，将大学教师发展中心的组织文化分成使命型、适应型、团体型和行政型四种文化类型。文化、战略以及环境之间的关系如图3-1所示。[①]

---

① Daft R L. Organization Theory and Design ［M］. South-Western，2007：80.

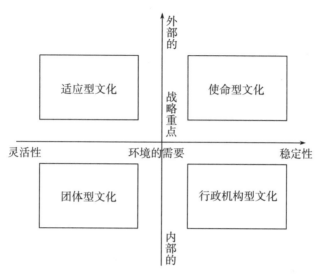

图3-1 组织文化与战略、环境的关系

第一象限是使命型文化，这个象限的大学教师发展中心组织的战略使命聚焦外部，环境非常稳定，重视大学教师发展中心的组织目标及其实现。使命型组织具有高度稳定的外部环境，不需要快捷的反应来适应环境变化。主要通过预设组织目标，激励鼓舞组织成员采取切实有效、积极向上的行动，其组织目标可以渐进地、阶段性地实现，属于结果导向型的组织文化。

第二象限是适应型文化，这个象限的大学教师发展中心组织的战略使命呈现外部聚焦，但是环境不稳定，具有灵活变化的特征。第二象限对组织适应环境变化的能力要求比较高，需要组织不仅适应外部不断变化的环境，还能灵活应对外部环境变化，并迅速做出反应，能够快速引导组织发生变化，鼓励组织变革和创新，不惧怕组织变革可能带来的冲突、风险和调整。

第三象限是团体型文化，这个象限的大学教师发展中心组织的特点是战略使命呈现内部聚焦，并且环境不稳定、具有灵活变化的特征。第三象限高度关注大学教师发展中心的组织成员，并且要求组织成员能适应外部不断变化的环境，并做出及时迅速的反应。团体型文化，注重团队成员的积极因素，重视发挥团队每个成员的主观能动性，鼓励组织成员主动作为、积极参与，为组织发展壮大贡献每个人的力量。

第四象限是行政型文化，大学教师发展中心组织特点是战略使命聚焦内部，环境非常稳定。第四象限强调组织成员理性思考，个体与组织保持一致，体现共性特征，淡化个人因素，重视大学教师发展中心组织的统一性和组织成员内部的一致行动，成员之间相互沟通协作，以达成高度整合力。

上述四种类型的组织文化，我们只是粗略分类，并不存在严格区分的组织文化类型，四种类型之间也没有高低优劣之分，更没有孰优孰劣的区别。不管选择哪种类型的大学教师发展中心组织文化，只要能与组织环境和组织战略使命相适应、相匹配，能够适应组织环境变化并践行组织战略使命，就是科学、合理、适切的大学教师发展中心组织文化。

# 第四节　大学教师发展中心的组织文化测评

大学教师发展中心组织文化测评，是针对大学教师发展中心组织文化特征的初步诊断与及时评价。就如同我们找医生看病诊断，我们首先要判断甄别其得了什么病，找出病因，然后对症下药。大学教师发展中心的组织文化测评亦如是，本书首先试图采用组织文化测评量表，对大学教师发展中心的组织文化进行整体研究，通过组织测评诊断，找到主要的强项与不足，分类研究组织变革措施，制订行动计划。最后，通过丹尼森组织模型分析诊断大学教师发展中心组织结构的适应性、使命、参与性与一致性。

## 一、组织文化测评法的实践运用

结合组织文化的诊断，对大学教师发展中心进行组织文化的测评，测评结果有助于组织采取针对性的措施，针对具体指标改进大学教师发展中心的组织文化建设。

组织文化测评法，是在60个问题组成的问卷调查中，选择其中的15个问题形成"表3-2大学教师发展中心组织文化测评量表"，其中"强烈赞同"记5分，"强烈不赞同"记1分，"中立"记3分。

表3-2　大学教师发展中心的组织文化测评量表[①]

| 序号 | 内容 | 分值 |
|---|---|---|
| 1 | 大多数大学教师能积极投入自己的本职工作 | ①②③④⑤ |
| 2 | 哪个级别或层次获得的信息最充分，就应该在哪个层面做出决策 | ①②③④⑤ |
| 3 | 信息广泛共享，每个人都可以在需要时获得所需要的信息 | ①②③④⑤ |
| 4 | 每个人都相信自己能够产生积极的、正面影响 | ①②③④⑤ |
| 5 | 业务规划具有持续性、发展性，并且让每个人都能参与其中 | ①②③④⑤ |
| 6 | 积极鼓励组织内不同部门之间进行合作 | ①②③④⑤ |
| 7 | 教职员工彼此之间进行广泛的团队合作 | ①②③④⑤ |
| 8 | 完成工作通常依靠团队协作，而非依靠职权和命令 | ①②③④⑤ |
| 9 | 团队是我们合作的主要基石 | ①②③④⑤ |
| 10 | 工作的组织方式使我们每个人都能了解本职工作与组织目标的关系 | ①②③④⑤ |
| 11 | 教职员工被授予一定权力，可以在一定范围独立开展工作 | ①②③④⑤ |
| 12 | 组织对教职员工的能力提升不断进行投资 | ①②③④⑤ |
| 13 | 教职员工的能力在不断提高 | ①②③④⑤ |
| 14 | 教职员工的能力被组织视作竞争优势的重要来源 | ①②③④⑤ |
| 15 | 由于我们不具备完成工作所需要的技能和水平，因此时常出现问题 | ①②③④⑤ |

通过互联网完成在线答卷，或者采用书面纸质形式完成问卷调查。请我国

---

① 茅博励，汪滢，方敏，陶庆. 如何测评你的组织文化［J］. 哈佛商业评论，2005（03）：25-26.

大学教师发展中心的教职员工参与组织文化测评问卷调查，描述自己对本单位的看法，最终经过整理形成组织文化分布图，如图3-2组织文化分布图所示。

任何一所高等学校的大学教师发展中心，我们运用组织文化分布图进行分析时，通常有三个步骤：一是研究大学教师发展中心的总体情况，包括组织文化、组织结构特征、规章制度、运行机制等因素，找出主要的弱项和强项；二是分别对主要弱项和主要强项进行研究，分析原因，找出影响因素，结合大学教师发展中心组织文化的测评量表，逐项分析影响表征，为下一步制订行动计划指明方向；三是制订行动计划。根据组织文化测评的每个维度的得分情况，与组织文化测评所选用的大学教师发展中心的总体样本分值进行比对，统计得出平均数并计算比例，比例数值就是组织在相应维度的表现得分，借此数据，结合组织文化类型特征，制订具体的组织改进行动计划。比如，某高等学校的大学教师发展中心，在"组织学习"维度获得40分，表示有60%的高等学校的大学教师发展中心组织在"组织学习"方面做得更出色，更优秀，同时结合测评量表的统计数据进一步验证结论，比如第12条"组织对教职员工的能力提升不断投资"等，有针对性地提出具体改进措施和行动计划。

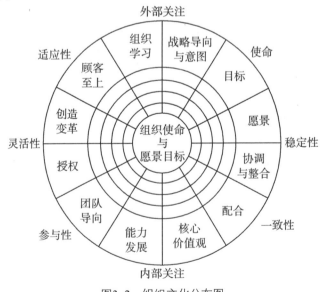

图3-2　组织文化分布图

## 二、大学教师发展中心的组织文化测评分析

组织文化是组织传承的精神基础，是组织成员之间共同享有的稳定的价值观、行为惯例和理想信念的综合体现。利用大学教师发展中心组织文化测评量表对大学教师发展中心的组织文化进行整体研究，通过前期的文献研究、查阅一手资料、问卷调查、现地考察等方式，了解和分析我国大学教师发展中心的组织文化建设情况，同时放在中外大学教师发展中心组织演变历程中比对；最后通过丹尼森组织模型分析诊断大学教师发展中心组织的适应性、使命、参与性与一致性，他山之石，以资借鉴。

### 1. 西方大学教师发展中心的组织文化特点及阶段划分

西方大学教师发展中心的组织文化，萌芽于20世纪50年代，直到20世纪70年代初期，本科教学质量被作为主要议题被关注，大学教师发展中心才成为西方高等教育界关注的焦点，进入黄金发展时期。20世纪90年代，国家性和国际性的大学教师发展组织与联盟得到建立和扩大，比如"国际教育发展联盟"（International Consortium for Educational Development，简称ICED）等以欧美发达国家为主体的联盟，推动全球范围内大学教师发展的热潮。进入21世纪以后，由于公共财政紧缩，西方大学教师发展中心的组织建设进入收缩阶段。大学教师发展中心的组织文化，以美国为例，大致分为五个阶段：第一阶段，20世纪50年代至60年代初的学者时代，主要提升大学教师专业学术能力。此时大学教师发展中心还处于自发行为的萌芽状态，发展项目和活动都是零星散落的，主要针对教学发展，没有形成全面系统的教师发展观，从事大学教师发展活动的人员都是志愿担任，缺乏专业人员。

第二阶段，60年代中期至70年代的教学者时代，也是美国大学教师发展机构创建的黄金时期。强调大学教师教学技能的发展；主要采取项目制形式，很多学院和大学建立教师培训和发展指导的专门机构，还依赖民间基金会，成立了教师指导委员会，比如丹佛（Danfort）、福特（Ford）、卡内基（Carnegie）等基金会，这一时期的西北大学、密歇根大学和加州大学伯克利分校的大学教师发展中心创造了诸如工作坊、短期课程、习明纳、咨询和

评价等很多新的活动方式方法。

第三阶段，20世纪80年代的发展者时代，强调大学教师作为独立个体，应该全面发展。课程改革和评价推动着教师发展，我国最早开始实行学生评教是在20世纪80年代。学生评教是"以学为主体"教育观念的体现，让学生成为教师教学评价的主体。

第四阶段，20世纪90年代的学习者时代，充分彰显学生主体性，教师发挥指导作用。教学文化与教学改革成为院校改革领域的热门话题，要求教师和学生都成为学习者。

第五阶段，21世纪至今的信息时代，重点关注教师利用现代技术，包括智能化设备装备，进行全面提升和自我发展的能力。教学已经不是一块"自留地"，而是一项"技术活"，大学教师发展组织就是帮助教师了解和驾驭这项"技术活"。

在欧美国家的高等学校，大学教师发展中心除了面向教师、提升教师的教学能力外，还关注学生学习。大学教师发展中心也是学生的培训和提高基地，注重培育学生在大学阶段个人成长成才所必需的个人素养和能力。比如美国马萨诸塞大学阿姆赫斯特分校教师发展中心，不仅重视教师能力提高和职业生涯规划，也重视为在校学生学习服务，注重培养学生的实践操作能力，是一个集科研、教学和学习于一体的集成中心。其主要特点：一是工作内容具有多样性，服务对象具有包容性。工作内容全面多样，不仅提供教师教学和教学发展培训方面的咨询服务、还帮助学生提供学习方面的服务并进行职业生涯规划。服务对象涉及所有教师和学生，特别关注新教师和没有获得终身教职的教师的发展，为这些教师提供教学和科研方面的具体指导，促进这些教师群体的教学技能和职业晋升。二是在教学指导方面，提倡以指导促发展。阿姆赫斯特分校教师发展中心秉承"以指导促发展"理念，改变传统指导方式，创建共同指导合作伙伴网格，通过专项资助的项目管理模式，促进该校教师的学术职业发展。三是重视教学评估，强调评估的严密性和灵活性；同时营造良好的学术氛围，提供全面学术资源，支持教师学术发展。四是针对性强，为本科生、研究生和博士提供不同层次的专业学习指导。[①]阿姆赫斯特分校教师发展中心还下设了科研、教学和学习集成中心，专门为研究生和博士后提供学习和教学指导服务，在关注教师发展的同时，重视对高素质人才的培养，提倡教学即研究的教育理念，注重教学实践。

**2. 我国大学教师发展中心的组织文化建设及特点**

我国大学教师发展中心建设至今，一直缺乏为学生成才及学生学习服务的思想和文化传统，应该在尊重和理解学生群体多样化需求的基础上，开展多样化学习，积极支持、促进学生学习和教师教学能力的不断提升，像西方大学教师发展中心普遍重视建设学习型组织，强调合作学习和教学的重要性一样。我国大学教师发展中心主要作为教师教学培训的组织，无论是理论研究，还是实践操作，均侧重于大学教师的教学能力提升，有的几乎沦为高等学校师资力量培训中心。教育部在"十二五"期间虽然意识到大学教学发展中心要围绕本科教育教学改革，提高人才培养质量，但仍然将提升高等学校中青年教师和基础课教师业务水平和教学能力，作为大学教师发展中心的工作重点。因此，大学教师发展中心建设目前依然定位在教师培训、教学咨询等工作的常态化建设中，致力于提高大学教师教学能力和水平；大学教师发展中心的主要功能局限于进行教师培训、优质教学资源提供和区域服务与引领等，目前大学教师发展中心的主要功能及活动形式见表3-3。

**表3-3 大学教师发展中心的主要功能及活动形式**

| | 主要功能 | 活动形式 |
|---|---|---|
| 大学教师发展中心 | 教学观念与文化的传播功能 | 凝练学校教学观念文化 |
| | | 营造教学文化氛围 |
| | 教学培训与指导功能 | 教学指导习明纳 |
| | | 示范课 |
| | | 课程辅导设计 |
| | | 微格教学 |

---

① 林杰.美国大学教师发展组织和项目 [M].太原：山西教育出版社，2018（11）：320.

续表

| | 主要功能 | 活动形式 |
|---|---|---|
| 大学教师发展中心 | 教学培训与指导功能 | 一对一的咨询 |
| | | 工作坊的座谈与讨论 |
| | | 教师档案袋的建立 |
| | 教学与课程的研究功能 | 教学理论研究 |
| | | 教学中实际问题的调研 |
| | | 教学方法与教学工具的设计 |
| | | 设立教改项目 |
| | 教学评价与反馈功能 | 教学评价体系设计 |
| | | 组织各种教学评价活动 |
| | | 教学优秀奖 |

在大学教师发展中心建立过程中，我们面临首要且最重大的问题，是大学教师发展中心的角色定位和组织文化界定。角色定位或使命是人们赋予组织的社会责任，是对组织必须承担的社会责任的认可，是高校教师发展中心对组织的价值判断、价值选择和价值追求的明确表达。大学教师应转变"重科研轻教学"的传统观念，坚持教学作为优先发展；大学教师发展中心应弱化行政主导模式，坚持服务为本；更新培训内容，力求灵活多样；转变培养思维，坚持突出个体，增进相互间的交流；转变狭隘认识，树立坚持全面发展的思想；强化服务理念，构建学术共同体自组织，促进大学教师发展中心的组织文化建设。

组织文化建设作为大学教师发展中心的软实力之一，在促进大学教师发展中心的顺畅运行方面显得非常重要。健全的大学教师发展组织机构，是大学教师实现自身的组织平台和根本保障，目前国家级大学教师发展示范中心，其主要定位与功能：一是主要为区域内的高校教师教学发展中心服务，培训工作人员；二是对全国基础课的骨干教师、公共课的教师进行相关培训；三是通过优质课程，在区域内培训服务中发挥主导作用；四是开展评价和交流活动；五是开展国际合作与交流服务。西部某国家级大学教师发展示范中心，2019年度组织文化建设情况体现在服务基础教育、服务高等教育、服务学校教学科研发展三个方面，其组织活动过程的访谈资料梳理如下。

### 案例3-5　S大学教师专业能力发展中心组织文化建设情况访谈资料摘录

一是服务基础教育。××教授团队的思维型教学理论及学思维活动课程产生了较大的社会影响，2019年4月和7月先后在广州东山培正小学、澳门道中学等推广了思维型教学，粤港澳大湾区的近300位教研员、校长和骨干教师参与了活动，上述学校引入了思维型教学理念及学思维活动课程，并运用该理论指导学校的STEM跨学科教育；9月，北京教育科学研究院引入"学思维"活动课程，并纳入校本课程体系，以课程为载体，进行思维型教学整理打造，改善学科课堂教学；10月，第二届全国思维型教学大会暨思维型教学优质课展示，这场"千人盛会"得到了新华网、搜狐网、中国教育网等媒体的报道；11月，思维型教学理论及实践成果连续受邀参加第5届中国教育创新成果公益博览会并荣获SERVE奖，进一步扩大了社会影响。为进一步做好服务基础教育工作，扩大思维型教学影响力，中心组建专家团队面向全国中小学教师，积极开展了社会培训工作，积极扩大了思维型教学的影响力。

二是服务高等教育。2019年9月，协同人事处面向113名新进教师组织开展了岗前培训工作。8—12月，联合教务处面向100名教师举办了新进教师教学能力发展培训；面向全校青年教师设立了"教学模式创新与实践"专项基金项目53项，共资助研究经费42.4万元，在项目研究的过程中，围绕研究主题举办了13期教学沙龙，共有53位教师做了主题发言，200余位校内外教师及研究生广泛参与，有效促进了高校青年教师的教学研究，并汇编出版了《高校教学模式创新与实践研究（2017年）》。2019年启动了"教师教学发展午餐研讨会"，利用教师午餐的碎片化时段，为教师提供一个自由交流讨论的平台，目前已开展三期，参加人数72人；配合教务处组织开展了"第十二届青年教师教学基本功大赛"；提供个性化咨询与指导和专业化服务多次，帮助多名教师快速提升教学水平，促进其教学能力提升；接待了北京农学院、西南民族大学等10余所高校来访考察交流，发挥了国家级教师教学发展示范中心的辐射引领作用；组织专家团队为北京体育大学30名教师开展了师德师风建设、教学反思能力、教学理念更新与信息化教学实践等专题培训，立足西部，辐射全国作用进一步发挥。

三是服务学校教学科研发展。2019年，中心工作人员继续兢兢业业，以超强的服务意识，不论节假日还是晚上，努力克服各种困难因素，真抓实干，加班加点，保质保量为学校各单位的教学科研工作提供了技术支持和服务。优质完成学校交托的工作任务：一是通过为学校其他兄弟院系提供教学场所，并配合相关学院录制和制作精品课程，提高使用率；二是通过组织完成春季和秋季全校近八千名本科生、研究生和教工的普通话测试工作，三是为我校第十二届青年教师教学基本功大赛等校内外活动提供场地、技术服务及保障工作。

（材料来源：西部S大学教师专业能力发展中心2019年度组织文化建设的访谈资料）

大学教师发展中心的组织文化并不是一成不变的，是大学教师发展中心在不断发展过程中逐渐沉淀筛选的理念。组织文化帮助组织成员建立行为规范和理念模式，对大学教师发展中心组织要达到什么目标，怎样达到目标，在达到目标的过程中如何对待外部事物具有指导意义。西部S大学教师专业能力发展中心的组织文化建设，主要体现在三个服务面向的过程中，更多侧重于目标任务完成，没有提出明确的组织文化建设目标。查阅整理教育部收到"十二五"国家级教师教学发展示范中心的申报材料，30个国家级大学教师发展示范中心的组织机构均设置了研究、培训、咨询、评估等部门。地方院校教学发展中心的定位与功能也主要限于教师及其教学培训方面。例如，南京师范大学成立新教师研习营，全面跟踪指导新教师入职情况；浙江师范大学教师发展中心注重营造教学氛围，进行分层培训、分类培训；浙江中医药大学建构以教学质量为主导的教师发展性评价，以"3＋X"培训模式开展教师培训；杭州师范大学采用项目制促进教师教学发展，以"名师工作坊"的形式进行共同体建设。这些材料对大学教师发展中心的组织结构、组织定位和功能进行操作性描述，推动了大学教师发展中心的组织化和制度化进程，但是对组织文化建设聚焦不够、着墨不多。

在如火如荼的表象背后，对大学教师发展中心组织文化建设多一些冷思考显得尤为必要。通过国家财政资助，30个国家级大学教师发展示范中心建立，各省级大学教师发展示范中心参照"十二五"规划模式，也按照五年财政分期拨款方式被资助，其他许多高校本身并没有相应配套资金支持。这些大学教师发展中心并不是传统的职能部门，现在已经失去了国家和地方政策和资金支持，基本成为闲置机构，也是高等学校内部面临挑战和危机"边缘"机构。政府自上而下的强力推动，让大学教师发展中心如雨后春笋，当初有多火爆如今就有多冷清。大学教师发展中心在高校内部实现可持续发展，站稳脚跟，而不成为昙花一现的闲置边缘机构，还需要大学教师发展中心自我定位，加强组织文化建设，客观全面地审视并反思大学教师发展中心组织文化建设面临的问题。"流动的马赛克"文化是大学教师发展中心理想状态中的组织文化模式。这种文化的最大特点像马赛克，远看似一幅完整的图画，浑然一体；近看则是由不同的小块个体组成。它强调和重视每个个体独立的、各具特色相互之间处于一种松散型的联合状态，即自组织状态。正如北京师范大学国家高端智库教育国情调查中心张志勇主任解读中国共产党的二十大报告，他所描述的"从教育状态看，高质量教育体系本质上是一个具有高度自组织特性的教育有机体，管理者、教育者和受教育者的主体性得高度尊重，创造活力得到充分释放"。[①]正是这种看起来松散的自组织联合构成了教师合作的整体图景，基于教师之间的开放性、信赖性、相互支持援助而形成的具有自发性、自愿性、自主性等自组织特征的"流动的马赛克"文化，对于大学教师发展中心的组织变革和下一步的建设路径选择具有重要意义。

---

① 张志勇. 深刻理解党的二十大报告关于教育的新思想、新战略、新要求［J］. 人民教育，2022（24）：11-15.

# 第四章
# 我国大学教师发展中心组织结构变革新趋向

　　我国大学教师发展中心的组织定位、组织内涵、组织结构与组织功能仍在不断拓展与变化，未来的大学教师发展中心组织结构会发生何种变革，应该朝着什么方向变革，如何突破政策红利带来突飞猛进之后的瓶颈期，后疫情时代高等教育国际竞争格局中，大学教师发展中心如何为提高我国高等教育质量贡献优质大学教师，怎样实施组织结构变革为大学教师发展中心组织建设注入强大活力及创造力，这一系列问题是我们急需思考和解决的痛点。

## 第一节　大学教师发展中心组织结构类型与变革

　　我国大学教师发展中心的组织建设，总体表现为自上而下的国家发展战略和政府主导行为，组织建设的专业化程度比较低，尤其是组织结构呈现趋同现象，专业人员配置比较薄弱。西方国家的大学教师发展中心起源于院系的基层教师对教学发展的切身需要，自下而上成立自发组织，其组织结构相对松散。美国一流大学教师发展中心大多数直接隶属于学校，不依附于学院，与学院和学校的职能部门处于平等地位，由分管学术事务和教学的副教务长或教务长领导，中心主任直接隶属并负责对其汇报。我国大学教师发展中心组织结构变革呈现以下趋势：管理权限从高度集中转向分散，组织结构从金字塔型的科层制转向扁平化，管理层级明显减少，信息传递效率及执行力得到明显提升。

## 一、中外大学教师发展中心的组织结构

大学教师发展中心的建制模式不管是自上而下还是自下而上，都应该得到足够的组织支持，为组织建设提供良好的组织环境，在组织建设过程中，应该注重对自身机构的反思、评估和整改。目前中外大学教师发展中心的人员主要配置行政和学术两类，大学教师发展中心的负责人一般由主管教学工作的校长、副校长或教务处处长担任，大学教师发展中心的组成人员，既包括各有关部门的主要领导和行政人员，也包括由教学一线的资深教授、知名专家学者、教学名师等学术型专家。这样的人员结构，一方面，可以使大学教师发展中心处于较高地位，拥有行政力量的支持和配合；另一方面，也体现大学教师发展中心的教学学术共同体自组织特征，确保得到学术平台支撑和技术支持。

### 1. 国外大学教师发展中心的组织结构

国外大学教师发展中心大多隶属于学校，类似于我国大学教师发展中心的"直线—职能型"组织结构。以美国为例，美国一流大学教师发展中心大多隶属于学校，具有独立性，独立建制有利于大学高效实施项目，开展活动。美国一流大学的教师发展中心，以一流教育技术项目为主，重视发挥高新技术的支持作用，同时重视教学项目支持。美国一流大学教师发展中心设置充足的工作人员岗位，为教师提供在线教育、信息技术的支撑。比如，耶鲁大学教师发展中心除了提供上述技术支撑以外，还利用广播提供技术服务和协助，颇有特色。

美国一流大学教师发展中心的权责分工明确且灵活变通，通常根据实际需要组成新的临时团队来完成任务。如图4-1所示，设有中心主任、若干项目主任、若干项目人员等，这些项目人员的分工非常明确。中心主任直接向教务长汇报，同时与教师咨询委员会协商沟通，听取意见建议。中心主任对内负责整体协调和领导，下面隶属若干项目组织，与每个项目主任协调，包括横向沟通中心的内部情况。①

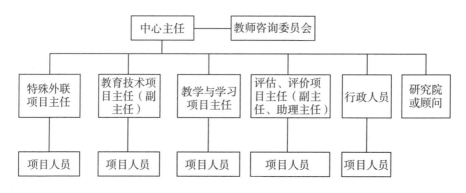

图4-1 美国一流大学教师发展中心的组织结构

项目主任主要负责各自项目的统筹、管理和实施，项目主任之间分工协作，为保障中心的运作，制定相关规章制度，具体权力分散在各个项目主任之间。项目人员包括项目协调员、视频制作员、策划员、通讯员、教学设计师、行政管理员、技术员、助理等。助理、研究生助教主要负责与教师和学生沟通协调，了解教师和学生的个性化需求。中心也有教师咨询委员会对其提供建议与对策，有的中心还有研究生或本科教学研究员以及教师顾问或学生顾问。中心行政人员和项目人员大多综合素质高，有丰富的项目开发经验，可以适应新的项目需求。应对某些项目的轮岗制，就体现了变通这一特征，如针对助教的项目或教师岗前培训项目，大学教师发展中心会轮流安排不同专业的项目人员来指导工作。为了解决轮岗过程中，新工作的适应交接问题，大学教师发展中

---

① 吴立宝.学习范式下的教师发展：理论模式与组织建设［J］.教育研究，2017，38（04）：103-111.

心为每个项目，准备了内容清晰、流程简洁的指南手册，详细界定各职能岗位的具体职责。新人上岗可以直接通过手册指南顺利接手工作。

另外，国外隶属于学院的教师发展中心通常由所在学院院长负责领导，是学院的一个部门。比如，哈佛大学的伯克教学和学习中心，隶属于哈佛大学艺术与科学学院，艺术与科学学院就一直聚焦高等教育与科研。

### 2. 我国大学教师发展中心的组织结构

我国教育部2012年推动成立的30个国家级大学教师发展中心，其中有8个为独立机构直属于学校，有22个大学教师发展中心挂靠在校教务处、本科生院或教育研究院。按照组织结构的三要素：隶属关系、部门化以及协调机制，简要分析我国大学教师发展中心的组织结构现状。

第一，隶属关系。隶属关系即指挥链，包括职权层级的数目和主管人员的管理幅度。统计发现，国家级大学教师发展中心的部门科室设置数量，与大学教师发展中心的隶属关系成正相关，通常大学教师发展中心隶属机构的行政级别越高，其科室数量设置就越多。大学教师发展中心组织机构最少的设置2个科室，最多设置12个科室；通常设置4~5个科室，其中，大学教师发展中心最普遍的情况是设置5个科室。大学教师发展中心的控制幅度，是指同层级有多少人共同隶属于同一个上司，负责向上司报告，通常控制幅度越小，控制效果越好，管理成本越高。如图4-2所示。

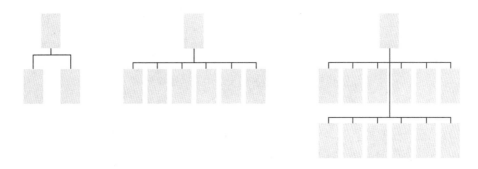

图4-2　大学教师发展中心的控制幅度*

---

＊本图为层级和幅度的直观图示。

　　我国大学教师发展中心的组织结构总体上呈现趋同化。大学教师发展中心以分支业务为基础，结构层级较多，管理方式表现为多部门之间联动合作；一般情况下，由教务处或人事处处长兼职担任大学教师发展中心的副主任；日常行政工作通常由职能部门的兼职人员完成，学术决策机构一般为专家委员会。我国大学教师发展中心普遍设立的业务机构有培训部、评估部、咨询部、研究部，或根据需求设置资源保障部等。培训部主要负责大学教师发展中心关于教育教学的技能、教学模式和方法的培训。评估部主要评估采集大学教师教与学的效果和信息。咨询部主要负责为大学教师提供咨询服务，同时为学校管理部门提供决策咨询服务。研究部主要负责开发研究大学教学的相关产品，为大学教学的创新发展献计献策。资源保障部主要负责提供大学教学设备和教学参考资料等相关资源，并保障大学教学发展的优质资源能够得到共享。国家级大学教师发展中心的组织结构有细微差异，但大同小异，基本上如图4-3所示。

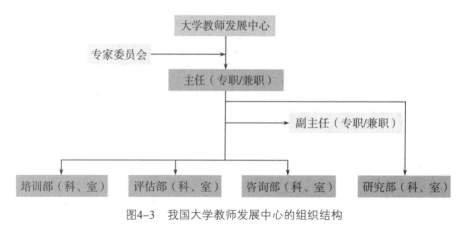

图4-3　我国大学教师发展中心的组织结构

　　大学教师发展中心组织结构，其隶属关系主要有两大类：直接隶属于学校的"直线—职能"式，或者隶属于学校内部机构的"矩阵式"组织结构。一般来说，学校直属的大学教师发展中心具有较大的自主管理权；隶属于学校内部组织机构，通常挂靠在学校人事处、教务处、学工部、本科生院或教育研究院。一般以教学为主的中心隶属于教务处，以师资队伍建设为主的中心隶属于人事处。这些附属于管理部门的大学教师发展中心，通常由主管部门领导兼职，担任中心一把手，组织成员通常都是业务处各科室的工作人员。

一是"直线—职能型"组织结构。即独立建制直属于学校的大学教师发展中心。"直线—职能"式组织结构，通常是由校长或学术高层担任大学教师发展中心主管，下设机构分中心，各行政人员兼职支持相关工作的开展。该类型的大学教师发展中心，直接向校长汇报工作，向学校的校长负责，其地位隶属于组织结构的上层；通常会设置充足的专职管理人员，以及专业技术人员；能自主运作，并保障组织功能得到最大限度的发挥。我国半数以上的大学教师发展中心都属于直线—职能型组织结构，比如，南京大学、中国人民大学、复旦大学、厦门大学、中国科学技术大学、华中科技大学、武汉大学、东南大学、重庆大学、大连理工大学、东北师范大学、吉林大学、陕西师范大学、华南理工大学、山东大学、中南民族大学等。

我们以厦门大学为例进行介绍，厦门大学教师发展中心为"直线—职能"式组织结构，直接隶属于学校，设置中心主任1人，由主管本科教学的副校长负责兼任；常务副主任1人；副主任2人；成员10人。大学教师发展中心由学术顾问委员会和业务职能部门组成。学术顾问委员会主要负责研究制订大学教师发展组织的建设规划、教学人员选聘以及大学教师发展中心的重

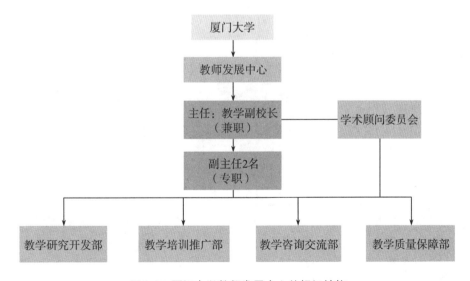

图4-4　厦门大学教师发展中心的组织结构

大资金和计划安排等决策，业务职能部门可以在学术顾问委员会指导下优先开展工作。大学教师发展中心的业务职能内部，设4个部门，如图4-4所示，主要开展教学研究、教学培训、教学咨询、教学质量保障等工作。通常由校长任命"学术委员会"主管，对大学教师发展中心的业务职能工作进行指导，大学教师发展中心的运行管理级别在一定程度上拔高，但是其他普通大众的参与权和决策权容易被忽视。

以西南大学教师发展中心为例，其组织结构如图4-5所示。西南大学采用三级管理体制，成立大学教师教学发展咨询委员会。咨询委员以在职教师为主，由师德高尚、教学水平高的优秀教学专家担任，负责校本研究及教学培训服务。西南大学教师发展中心实行主任负责制，由分管教学工作的副校长兼任，主持大学教师发展中心的重大事务，并统筹协调全校的相关工作；设置副主任2名，负责大学教师发展中心的日常工作运行和管理；下设1个办公室，负责大学教师发展中心的日常事务性工作。依托各学科群的优势学科，成立大学教师发展中心集群优势，形成校中心着眼学校全局、分中心促

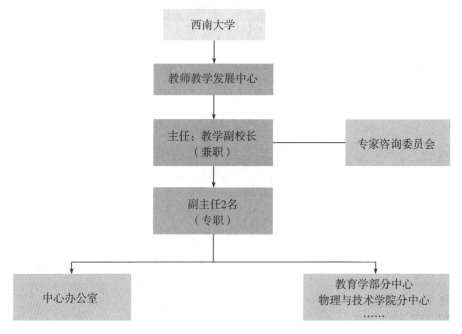

图4-5  西南大学教师发展中心的组织结构

进学科交叉。

　　二是矩阵式组织结构。即隶属于校内组织机构的大学教师发展中心，由学校多个部门组织机构共同合作管理。由于隶属于校内组织机构，其应有的职能也分散在学校的各个职能部门。矩阵式组织结构的优点在于充分地利用人力资源，发挥综合性优势；缺点在于双重领导，导致组织效率不高、部门之间推诿等问题。浙江大学、哈尔滨工业大学、北京交通大学的教师发展中心均属于矩阵式组织结构。比如，浙江大学教师发展中心探索"一横多纵、以横为先、纵横交错、以纵为主"的组织运行模式，已初具示范与辐射作用，其组织结构如图4-6所示。部分高校教师发展中心的辐射推广效应见附件，附件列出了华中师范大学、四川大学、浙江大学、山东×大学、广州××外贸大学等大学教师发展中心开展活动的过程性文件，这些文本资料有助于我们直观了解不同大学教师发展中心的职能定位和日常业务工作活动。

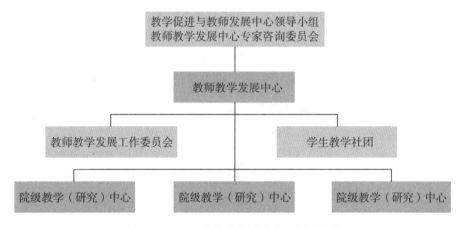

图4-6　浙江大学教师发展中心的组织结构

　　我国高校的大学教师发展中心的组织结构也在不断变化调整之中，并非一成不变。以中国人民大学教师发展中心的组织结构变化为例，2016年以前，中国人民大学教师发展中心是挂靠于中国人民大学教务处的下属机构，以中国人民大学教育学院为依托开展活动。大学教师发展中心设置主任2名，分别由1名副书记兼副校长、1名副校长兼任；设置副主任2名，由学校教务处处长和人事处长分别兼任，大学教师发展中心下设专家委员会、学术自助沙

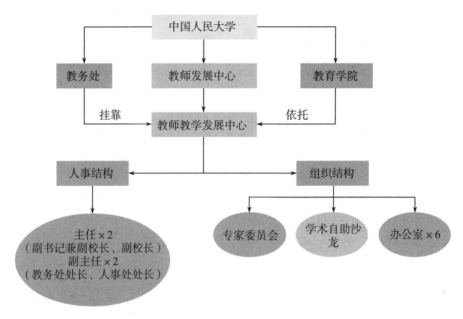

图4-7　2016年以前中国人民大学教师发展中心的组织结构

龙和6个办公室，中国人民大学大学教师发展中心组织结构如图4-7所示。

目前，中国人民大学教师发展中心设主任1名，下设5个部门：教学发展研究部、教学发展培训部、办公室、教学发展信息部、教学发展评估部。各部门在主任领导下开展工作。各个部门分别履行不同的职能任务，共同促进

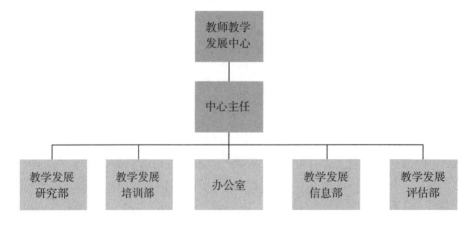

图4-8　2016年以后中国人民大学教师发展中心的组织结构

大学教师发展中心工作的运行，如图4-8所示。中国人民大学教师发展中心组织结构的主要缺点是：大学教师发展中心的各个职能部门之间缺少有效的沟通机制，横向联系不畅通，纵向联系多。

第二，部门化。部门化就是根据员工隶属关系以及部门职能，形成互相关联的不同工作岗位的集合。隶属关系和部门化在纵向层级上决定了组织的结构框架。大学教师发展中心组织也需要协调内部的不同部门或组织单元，以推动各部门之间的合作与目标统一。

分工与协调是大学教师发展中心组织设计中的一对根本矛盾。某种意义上说，大学教师发展中心组织结构设计的本质就是如何处理好部门之间分工与协调的矛盾。事实上，分工越精细，协调难度越大。分工隐含的最大问题就是削弱组织横向联系。

大学教师发展中心组织为了高效率达成组织目标，需要进行合理分工，分配工作任务，并清晰划分责权界限。在确保完成大学教师发展中心组织目标基础上，部门化注重大学教师发展中心组织结构的简约，以尽量少的部门数量完成工作，降低组织的冗余程度，同时也能够适应不断变化的外部环境。

第三，协调机制。协调机制是用来确保大学教师发展中心的组织机构内部实现跨部门沟通协作与能力整合的制度设计。协调机制在横向层级上决定了组织成员之间的相互作用关系。比如美国加州大学伯克利分校教学与学习中心建立了相对完善的协调机制，包括组织管理制度、教师激励制度、人员管理制度、质量评价机制，这套运行机制为加州大学伯克利分校大学教师发展中心的组织建设奠定了坚实基础，为提升加州大学伯克利分校教学质量保驾护航。大学教师发展中心通过协调机制，采取专家课堂观察、微格教学等活动形式，为大学教师发展提供咨询和技术指导服务，尽量兼顾各专业各方向组织成员的发展需求，使大学教师发展中心真正成为促进教师发展的助推器。

## 二、大学教师发展中心的自组织重构

大学教师发展中心组织，从进化形式来看，可以分为他组织和自组织两类。如果大学教师发展中心组织靠外部指令或上级行政命令而形成组织或建制，就是他组织；如果不存在外部指令或上级行政命令，大学教师发展中心组织按照某种规则协调有序自发地形成某种组织结构，就是自组织。因此，从进化论的角度讲，大学教师发展中心的自组织重构，指在优胜劣汰机制的作用下，大学教师发展中心组织的运行模式和组织结构不断适应环境、自我完善提高的过程。也就是说，大学教师发展中心的自组织在适应环境的过程中，具备自发按照某种秩序组织排列、形成有序组织结构的能力。

大学教师发展中心组织独特的、核心的竞争优势并不是拥有特定资源或特殊技能，因为这些资源或技能通常可以被他人模仿或购买，而在于大学教师发展中心拥有能使各方面互补的协调和整合机制，也就是自组织模式，但又不是纯粹自发的自组织。大学教师发展中心的组织内部各要素之间相互关联作用、协调一致形成稳定的组织结构，稳定组织结构支撑下的自组织模式，是大学教师发展中心组织竞争优势的核心所在，是比组织战略的任何单一方面更突出的竞争优势来源。

大学教师发展中心的管理者应树立全局观，注重不同组织结构要素之间的匹配和互补作用，相互协调各项活动而不能有所偏废，这样才能在组织竞争中占据更有利的位置。需要警惕的是，过度松散的组织结构也会造成一定的危害，组织会变得过于简单，失去其适应能力，无法与复杂的环境相匹配，物极必反。如果大学教师发展中心组织内部权力高度集中，缺乏反思和质疑，从而难以认识和应对变革需求，给组织生存发展也会带来巨大威胁。因此大学教师发展中心的管理者应选择适当程度的组织结构，既要避免过低导致的组织松散和混乱，也应防止过高导致的集中和僵化。对"适当"的定义主要取决于组织所处的环境，一般而言，环境越灵活多变，不确定性越大，组织要素就越松散。

大学教师发展中心组织结构具有动态稳定性，意味着大学教师发展中心应该具备必要创新能力，能够迅速适应外部环境的变化。但是我们应该认识到创新本身并不是目的，一旦创新的速度超过大学教师发展中心组织变革的承受能力，将会适得其反，换言之，我们应该对过度保守和过度创新的风险予以同等重视，避免陷入其中任何一种困境中。

与此同时，提倡大学教师发展中心组织成员的内部存在一些局部自组织。一方面，在大学教师发展中心组织自上而下的细分过程中，为了追求组织目标的实现，以及有限资源使用效率的最大化和协同发展，大学教师发展中心组织通常具有清晰的组织使命和发展意图。同时，过度强调组织目标管控和科层级别的大学教师发展中心组织，容易失去自下而上的创造活力，为了弥补传统科层组织划分中容易造成僵化的组织特点，在组织设计中，大学教师发展中心根据学术职业和学科分化的逻辑起点，有意识地引入自组织。

自下而上的自组织所形成的组织单元之间，容易存在不同程度的资源交叉或资源重复配置，大学教师发展中心自组织通常存在以下两种情况：一种是大学教师发展中心组织需要高校孵化器的功能。它设置了多个自组织单元，主要是为了增加组织创新成功的概率，组织之间存在一些资源重复，例如，大学教师发展中心具有研发功能的小组内部，设置多个自组织单元。另外一种是大学教师发展中心组织需要不断增加内部组织单元的数量和种类，它们之间可能会有不同程度的交叉重叠，从而创造出一个生态系统，通过优胜劣汰演化和类似赛马机制，最后涌现出能整合其他组织单元的黑马，为后期的组织变革奠定坚实的基础。

一般来说，大学教师发展中心自组织，通过增强组织内部自下而上的生命力和创造力，实现组织使命，提高组织资源的配置效率。大学教师发展中心自组织的存在有利于增强高等学校的教学科研活力和适应环境变化的能力。与此同时，并非所有混沌无序的大学教师发展中心组织都是有意义的自组织。一个缺乏共同目标、内部冲突严重的组织可能不是高等学校有价值的自组织，而是组织内部管理的混乱和分裂。

大学教师发展中心自组织重构，主要体现在以下方面。

**1. 大学教师发展中心自组织的核心要素：共创、共享、共治**

大学教师发展中心的组织变革，必须坚持改变组织结构"硬件"和同步推进以组织文化为核心的"软件"改革相结合。改革组织文化，关键是要培育共享、协同、创新、联合等思维观念；加快新知识的传播，充分利用最先进的科学成果充实教育教学内容；建立健全各项法规制度，确保改革的配套保障有效到位。

自组织并不意味着无组织。大学教师发展中心自组织主要包括三个核心要素：共创、共享、共治，如图4-9所示。

图4-9　大学教师发展中心自组织的核心要素

共创，就是共同创造，尊重每个组织成员的自主性，为每个组织成员提供发展平台和空间，让每个成员成为大学教师发展中心组织的价值创造源泉。共享，意味着尊重每个成员的兴趣需求和利益诉求，建立基于信息、资源和利益共享的、去中心化的、扁平化的自组织共同体，协调组织成员的进取性和创造性。共治，就是尊重大学教师发展中心组织内部的民主价值诉求，注重组织内部的全员参与和群体决策，使每个成员都能成为自组织的管理者和协调者，从而更好发挥协同能力，为大学教师发展中心组织创造更多价值。

**2. 去中心化**

去中心化并非意味着没有中心，是指不再以大学教师发展中心组织的某个人或某个自组织为中心，而是强调成员的自我管理。大学教师发展中心自组织管理从传统自上而下的层级控制模式转变为多元化、网络状的控制模式，如图4-10所示。

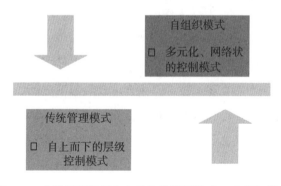

图4-10　大学教师发展中心的传统管理模式VS自组织模式

大学教师发展中心自组织具有的去中心化特征，使每个团队的每一名成员，都可能成为创新活动及其价值创造的焦点，组织成员自我管理、互助协作。尤其是信息技术和智能化发展，使海量信息通过横向传递，实现价值增值及组织共享。只有去中心化，实现组织结构的扁平化，才能更加快速、更加高效地使存在巨大潜在价值的信息，跨越时间和空间的限制在组织成员间实时传递。

大学教师发展中心的自组织内部没有严格意义上的角色分工，自组织内部高度信任，每名成员都自发协作互助。在不同的项目中，每个成员扮演的角色存在着一定差异，在特殊情况下，一个成员甚至会扮演多重角色。大学教师发展中心的自组织管理是让教师自主创造价值，教师共享利益。自组织管理通过合理的制度，让每个组织成员都能找到适合自己的最佳位置，最大限度地发挥组织成员的主观能动性和创造性，提升组织有效性。

### 3. 组织扁平化

扁平化的组织结构以其灵活多变的优势受到一致好评，大学教师发展中心扁平化需要具备以下五个前提条件，如图4-11所示。大学教师发展中心采用扁平化的组织结构，必须对原有组织文化进行改革，要用新型组织文化为大学教师发展中心的组织变革提供文化支撑。让知识与信息在大学教师发展中心组织内部快速传递；扁平化组织结构具有的团队协作、较低的管理层级和较高的管

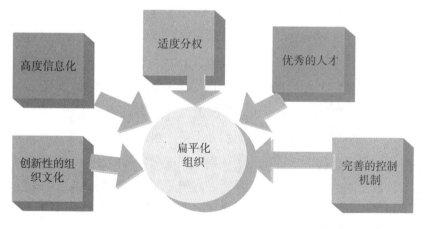

图4-11　大学教师发展中心扁平化组织的前提条件

理幅度等特征，容易吸引优秀的人才。大学教师发展中心组织成员拥有一定自主权，为了避免出现组织混乱的局面，需要建立有效的机制，来约束组织成员的自发行为，确保大学教师发展中心的组织目标得到真正执行。

# 第二节　自组织化：大学教师发展中心组织结构变革趋势

大学教师发展中心要实现自组织化，必须对自身的组织结构进行重塑和创新，促使组织内部变得更加开放，提高组织适应外部环境的能力，与外界环境充分进行物质和能量的交换，以便使组织发展得更有活力；同时，自组织化的管理模式，推动了大学教师发展中心组织秩序和组织结构的创新和重构，增强了组织适应外部环境的能力，提高了组织的活力和有效性，促进大学教师发展中心组织可持续发展。

## 一、大学教师发展中心组织结构变革的关键点

自组织管理是大学教师发展中心组织结构变革的关键点，自组织管理并不是无组织，大学教师发展中心自组织管理，具有明确的共同发展目标。在赋予大学教师发展中心自组织更大权力、鼓励大学教师在自组织内进行自主管理的同时，也要明确大学教师发展中心组织成员的责任与义务。

### 1.大学教师发展中心自组织管理模式

首先，大学教师发展中心自组织并不是无组织。不管是传统组织，还是自组织，它们的本质诉求都是为了激发组织成员内部的活力，并且提高组织效益、获取协同共生的价值。只是两者在组织结构、运作机制、控制方式等方面大相径庭，有别于传统组织的预先设定模式，自组织的秩序是自发形成的，是在内部各要素对外部环境的不断反馈、调节、适应、协同的过程中建

构起来的。如图4-12所示。

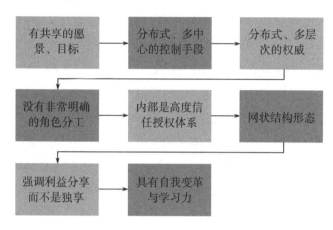

图4-12 大学教师发展中心自组织管理模式的特点

其次，大学教师发展中心自组织管理具有明确的共同发展目标。在大学教师发展中心自组织管理模式下，去中心化将得到完美体现。根据项目的特征，每个成员都可能成为中心，成为大学教师发展中心自组织的管理者，感受到信任、得到授权，以此增强对大学教师发展中心组织的认同感和归属感。

**2. 自主型管理+分权型管理：激发基础组织活力**

在赋予大学教师发展中心自组织更大权力、鼓励大学教师在自组织内进行自主管理的同时，也要明确大学教师发展中心组织成员的责任与义务。保证大学教师发展中心的每个成员在自组织内，具有明确的权责范围，能相对独立地朝着预定目标前进，如图4-13所示。

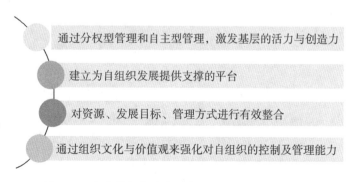

图4-13 大学教师发展中心自组织管理的四个关键点

大学教师发展中心自组织管理过程中的去中心化以及多点驱动，这是为了让组织高效快速运转，并非倡导组织内部四分五裂。大学教师发展中心组织通过整合资源、确立组织目标以及改进组织管理模式，一方面可以规避风险，另一方面，有利于自组织的集中管控。

通过大学教师发展中心组织文化和价值观来强化对大学教师发展中心自组织的调控和管理能力，需要做好以下四点：一是分散控制与统一控制相结合。大学教师发展中心内部控制模式的整合，推动了组织目标与个体目标、组织利益与个体利益的整合与统一。二是有效整合零散海量的数据和信息资源。在移动互联网时代，信息资源和海量数据是无形的资本财富，对大数据的深度挖掘可以为自组织管理策略提供底层数据支撑。三是有效整合大学教师发展中心组织的项目模块。对小项目进行模块化处理，可以简化流程，创造更高价值。四是整合风险控制手段，以应对组织可能发生的剧变。

## 二、大学教师发展中心自组织化的转型路径

大学教师发展中心自组织化，通常是指内部环境和外部环境非线性、动态不拘变化影响下，大学教师发展中心组织适应环境变化，进行自我修复，从无序走向有序的过程。协同理论指出，自组织从无序走向有序的过程并不是源于单一变量的影响，而是受到组织内部各个成员和要素之间非线性的交互关系影响。大学教师发展中心自组织化，需要注意以下几个方面，如图4-14所示：

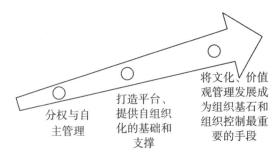

图4-14　自组织化的转型路径

一是分权与自主相结合，自发成立项目自组织。大学教师发展中心组

织内部建立灵活高效、存在多种组合的自组织团队。高校教师应具有国际视野，注重跨学科视角的培养。跨学科合作是教学学术和国际教育发展的主要趋势之一，跨学科组织使大学教师的视野更加开阔，有助于大学教师教学和科研的发展，也为培养技能多元、知识多元的人才奠定基础。

二是打造跨学科平台、提供自组织化管理模式。跨学科平台、自由组合、多点驱动的大学教师发展中心自组织管理模式下，大学教师发展中心组织的资源共享，有利于资源整合和统一管理。大学教师发展中心自组织的扁平化、去中心化并不意味着组织处于无序混乱状态。当大学教师发展中心组织将一个大的项目分解成几个小的自组织项目或模块时，就需要对细分的自组织模块进行有效的整合，通过制定连接规则使这些模块进行匹配和结合，从而实现大学教师发展中心的总体目标。

三是将组织文化和组织价值观打造成为组织管理发展的基石，成为组织管理的重要手段。在瞬息万变的移动互联网时代，大学教师发展中心组织需要及时调整组织发展策略，恪守大学教师发展中心组织文化的核心价值与基本原则。在去中心化、扁平化的大学教师发展中心自组织结构中，组织成员内部需要统一的价值观作为精神支撑。总体来看，自组织理论之所以备受追捧，是因为大学教师发展中心自组织管理更加灵活开放，能够在自发状态中，敏锐地感知到影响组织内外部能量交换的非线性变量的规律，推动大学教师发展中心组织在混沌无序的环境中，找到自身的创新途径和发展突破口，实现大学教师发展中心的可持续成长。

## 第三节　大学教师发展中心组织结构变革效能测评

运用丹尼森组织模型特征分析、诊断、测评我国大学教师发展中心的组织结构，可为"互联网+"时代大学教师发展中心的组织管理新模式提供基础数据和理论支撑。大学教师发展中心组织，通过"反馈—调整—修复—改进"，由无序向局部有序转变，促进内部组织不断适应外部环境变化，从而产生新的秩序和组织结构，与外界进行丰富的物质信息和能量交换，实现大学教师发展中心组织的可持续发展和高效发展。

## 一、丹尼森组织模型特征分析及诊断

瑞士洛桑国际管理学院丹尼尔·丹尼森（Daniel Denison）教授经研究提出了丹尼森组织模型，总结提炼出组织的四个特征：适应性、使命、参与性、与一致性。本书利用丹尼森组织模型的四个特征，对研究假设进行改造，根据组织使命与愿景目标，分析诊断我国大学教师发展中心组织，如图4-15所示。①

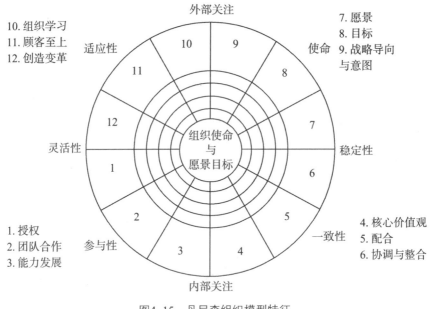

图4-15　丹尼森组织模型特征

---

① Mobley W H，Wang L，Fang K. Organizational culture：measuring and developing it in your organization［J］. Harvard Business Review China，2005（03）：128-130.

一是适应性（adaptability）。适应性指大学教师发展中心组织对外部环境的各种信号迅速做出反应的能力，主要包括三个方面：首先，以人为本。大学教师发展中心组织能够具有人文关怀，以人为本地看待问题、分析问题；理解并且引导教师的个人需求，最大限度地帮助教师实现个人需求。其次，勇于变革。大学教师发展中心组织锐意进取，愿意承担组织变革可能带来的风险，仔细观察和评估外部环境，了解相关流程以及变化趋势，并及时采取措施，实施相应组织变革。最后，不断创新与适应。大学教师发展中心组织能够适应环境，不断创新、吐故纳新，有能力适应外部环境的变化，不断适应创新，注重学习提高。

二是组织使命（mission）。组织使命通常着眼于长远目标的实现，而不局限于眼前利益。优秀的大学教师发展中心的组织目标比较明确，且有远大志向。组织使命包含组织目标、战略导向和意图、组织愿景等三个维度。组织目标是指着眼于组织使命制定的一系列长远目标和近期目标的组合。组织愿景是指大学教师发展中心的组织成员对组织目标是否认同和达成共识。战略导向和意图展现了大学教师发展中心组织的决心和意愿。是对大学教师发展中心组织将往何处去、变成什么样以及对组织内部和组织外部做出什么贡献、怎样做出贡献、能够贡献什么等问题的思考和回答。

三是参与性（involvement）。反映了大学教师发展中心组织成员是否愿意承担责任、是否愿意团队合作、是否有意愿参与组织建设、是否有对组织的责任感。同时，大学教师发展中心组织也要为教师成长创造条件，关注并鼓励教师参与组织决策和承担组织责任。

四是一致性（consistency）。大学教师发展中心组织成员能高度认同组织文化并达成共识，组织内部目标一致，团结协作、密切配合、和谐共生。

通过分析大学教师发展中心组织的四个特征，我们发现图4-15中，位于左侧的"参与性"和"适应性"，重点关注组织的灵活性；而位于图4-15右侧的"组织使命"与"一致性"，重点关注组织的稳定性，左边和右边构成了一对矛盾主体；另外，位于图4-15上半部的"适应性"和"使命"，重点关注的是组织适应外部环境的能力，而位于图4-15中下部的"参与性"和"一致性"，重点关注组织的内部关系以及组织结构、组织流程的整合问题。

丹尼森组织模型，如图4-15所示，有12个维度，通过调查和计算可以得出大学教师发展中心组织在12个维度的具体得分，以便我们调整组织结构与工作计划，实现组织目标。

下面这段话摘自访谈材料，从访谈中，可以看出教师群体对于自组织的认识和期待。

### 案例4-1　如何打造自组织的访谈录

我：大学教师发展中心的组织结构如何，您认为大学教师发展中心的自组织具有什么特征？应该如何打造大学教师发展中心的自组织结构？

C：很多年前我看过一部电影《帝企鹅日记》，我不知道您有没有关注过企鹅的生活方式和生存之道。企鹅并不知道自己要往哪里去，这些小可爱们靠什么来辨别目标和方向呢？当他们作为一个群体一起前进的时候，他们就知道目标和方向在哪里了，这是企鹅团队的一个重要特征，是不是可以看作"团队智慧"。

我：嗯嗯，这是不是可以看作自然界团队的典型代表，人类团队和自然界团队有天然的相似性，让人惊叹，两者之间有没有本质区别呢？

C：是的，人与自然有很多相似性，比如人性向善、向日葵向阳而生，自然界也有向性运动与趋性运动。所有植物都具有向光性：茎有正向光性，朝向光生长，根有负向光性，背着光生长。

我：嗯嗯，我在王海明教授的《人性论》里面也看到过类似观点。他认为植物有向性运动，包括向光、向地、向水，植物为了获得阳光、水分和营养，保持内外平衡稳定，才会具有这些天然的合目的性的向性运动，从而更好地生存下去。那么，为了合目的性地更好生存发展下去，人类团队和自然界团队的本质区别是什么呢？

C：我还没有思考过这个问题，是不是可以认为，自组织现象是广泛存在于人类社会和自然界中的呢？

我：嗯嗯，我完全赞同您的观点。自组织现象广泛存在，在一定条件下，组成系统的各个元素或者称为个体，不需要外界的特殊干预，便能够自发地组织和行动起来，相互协作，使系统在宏观层面呈现出一种有序状态。

C：就像企鹅一样吗？单个企鹅不知道方向和目标，企鹅团队自发行动却是有序的。

我：是的，记得哲学家帕斯卡尔说，"人是一颗会思考的芦苇"，人与动物的区别在于思考，人类团队和自然界团队的本质区别是不是学习和思考？那人类的自组织是不是可以通过学习和思考，变成自然界团队那样自发的、有目标、有使命担当的"自组织"。

C：您认为大学教师发展中心的自组织具有什么特征？

我：我读研的时候也看过电影《帝企鹅日记》，白茫茫的冰雪上，一群企鹅相向而行的场面给我留下了非常深刻的印象，当时没有进行更多联想，今天的访谈也触动了我，给我的基本启发是：像企鹅团队一样，大学教师发展中心，作为人类团队的自组织应该是一群教师基于关系自愿原则，主动结合在一起的组织形态，具有扁平化、无边界的结构特征。

H：嗯嗯，自愿原则很重要，也应该去中心化，将决策权下放，让教师自我决策，教师之间协作共建，可以更好地实现组织扁平化，扁平化和去中心化，两者相辅相成。

我：非常赞同，关系自愿原则，扁平化、无边界的组织结构特征，去中心化的流程特征，通过这三个方面的尝试来打造自组织。

（材料来源：访谈材料，访谈对象：C01 ××大学教师发展中心副主任 副教授）

## 二、自组织："互联网+"时代的组织结构变革

"互联网+"代表了一个时代，本质上是一场以人为本的深刻革命，是组织与人的关系重构。大学教师发展中心的组织结构变革是一个过程而不是结果，因为从本质上来看，事物总是处在变化之中。"互联网+"时代背景下的大学教师发展中心组织结构变革，通过对学术内涵重新审视，并创见性地吸纳"教学学术"这一概念，为组织结构变革提供源源不断的价值创造源泉。

学术探究是通过科学研究，使人类发现新知识，并不断扩大未知知识领域。学术探究是学术生活的核心，也是专业学习的核心，这也是博耶最强调的一个方面。探索学术是学术发展的核心，必须始终坚持整合的学术，促进跨学科之间的对话与交流，这是大学教师发展中心作为自组织发挥学科集群优势的职能之一。"互联网+"时代尤其是新型冠状病毒感染疫情背景下的线上课程，使传统面授课程的知识传播方式受到冲击，"互联网+"时代的大学教师发展中心自组织管理的新范式，急需进行系统研究和探讨，具有重要现实意义，如图4-16所示。

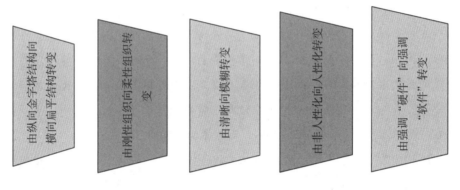

图4-16　大学教师发展中心组织结构变革的五大趋势

一是由纵向金字塔结构向横向扁平结构转变。随着信息智能技术的发展，信息流通成本降低，信息传递效率迅猛发展，这促使大学教师发展中心组织的纵向金字塔结构被压缩，趋向于扁平化，更能有效应对环境变化，提升组织的有效性。

二是组织结构由刚性转变为柔性。传统的金字塔组织结构，注重科层管理和统一控制，缺乏弹性与张力，大学教师发展中心组织向柔性组织转变，才能更好地应对外界环境的变化。

三是组织边界从清晰变得模糊。主要表现在有效提升大学教师发展中心组织内部的交互能力，通过实施组织结构和组织流程再造，实现组织管理中的无缝衔接。

四是组织结构设计由非人性化变得人性化。传统组织结构模式在学科交叉融合、智力资本上升为组织核心竞争力的知识经济时代，已经无法为大学教师发展中心组织，建立起足够的比较优势，大学教师发展中心的组织结构设计变得更人性化，关照组织成员的主观感受，充分体现人文关怀，为组织成员提供发展平台。

五是能力素质从注重硬件转变为注重软件。知识资源已经成为大学教师发展中心组织重要的战略资源，大学教师发展中心组织注重学科交叉融合，增强组织活力和吸引力，使大学教师发展中心组织成为大学教师干事创业的组织平台，以便组织资源得到充分挖掘和利用。

总而言之，我国大学教师发展中心组织结构的弊端主要表现在：一是隶属关系方面，具有严格的科层制度，降低了工作效率。二是传统部门制组织结构，按照职能划分的不同部门，形成直线型组织结构，导致部门之间难以协作。三是传统大学教师发展中心组织结构，大学教师自主行动自由与自我价值实现受到抑制。四是传统大学教师发展中心组织结构，难以应对和适应外部环境的变化。

正如海尔集团总裁张瑞敏所言，"鸡蛋从外面打破只是人们的食物，从内部打破就会是新的生命"。大学教师发展中心组织从内部打破，自我突破、自我颠覆，才能形成自组织结构形态，具体表现如下。

一方面以项目或任务团队结构取代科层制的隶属关系。打破科层和等级，减少管理层级和职能部门，强化内部信息交流与沟通。贯彻以学生为中心的理念，按照教师需要而不是按照职能部门进行组织，形成项目团队为基本单元的组织结构，适应组织对外部环境的敏捷反应，注重组织变革的持续动态更新。

另一方面人员结构柔性组合，形成大学教师发展中心组织内部人员不断流动的氛围和机制。运用信息技术协调教师之间的关联，帮助教师进行自我管理，给予教师自主表达需求的可能性，不能固化组织成员的角色和岗位，帮助教师在相互尊重与信任的基础上进行知识创新和资源共享，共同实现组织目标。

# 第五章
# 我国大学教师发展中心组织变革的路径选择

从大学教师发展组织建设路径看，大学教师发展中心的组织构成边界也是动态发展的。"无论是吉姆·怀特赫斯特（Jim Whitehurst）所说的开放式组织，还是马化腾所说的生物型组织，或是凯文·凯利所说的蜂群式自组织，其内在的组织动力和结构特质就是混序。混序解决了控制与活力、制度与创新、秩序与自由、守成与创造的根本矛盾，是移动互联网时代崭新的发展观和方法论，是新时代背景下最新管理实践的结晶。"[①]特别是新型冠状病毒感染疫情背景下，信息化教学迅猛推进，世界各国教学模式改革，探索线上与线下融合、课内向课外延伸、理论与实践结合的教学模式，也为大学教师发展中心的组织变革提供了新的视角。

大学教师发展中心自组织代表混序的组织模式和管理方法，管理不是指挥和控制，而是基于透明度、合作和人人参与的领导力。大学教师发展中心自组织通常呈现向下授权、分布式管理、去中心化控制的开放式自组织，强调在开放的同时保留部分层级和行政架构，让开放的能量和活力能够有序

---

① ［美］吉姆·怀特赫斯特（Jim Whitehurst）. 开放式组织［M］. 王洋，译. 北京：机械工业出版社，2016：56.

落地。开放代表了对环境的适应和超越，对传统层级、边界、权力和控制的超越，处于去中心化的"混沌"状态。大学教师发展中心自组织强调在秩序和自由之间、控制和失控之间、确定与不确定、一致与多元之间保持动态平衡，是简单性和复杂性共存的内在关系和存在状态，它既代表了一种组织结构又代表了一种管理理论，既是一种世界观，又是一种方法论。大学教师发展中心的组织变革路径遵循"技术进步—观念更新—理论牵引—制度支撑—体制跟进"的思路，通过大学教师发展中心组织文化的制度化建构、组织结构的链路变革、组织资源的体系整合，进行系统设计，整体推进，形成一种类似生态系统、自完善、自进化的去中心化的自组织管理模式。

# 第一节　大学教师发展中心组织文化的制度化建构

大学教师发展中心的组织文化制度化建构，属于静态的大学教师发展中心组织变革层面，侧重设计出科学合理的大学教师发展中心的制度架构和规则体系。组织理论中的新制度主义认为，"制度是指由规则、规范、文化—认知、组织实践和物质资源等多种因素构成的有机体"[①]。大学教师发展中心的组织文化制度化建构，兼具双重意义，属于混合要素的制度重构和实质性的组织变革。大学教师发展中心的组织文化制度化建构，意味着大学教师发展中心制度层面的变迁和重组，是实质性的大学教师发展中心组织重塑。

## 一、转变角色定位，重塑组织文化

坚持教师自主发展理念，合理定位大学教师角色，科学确立大学教师发

---

① 陈金圣.大学学术权力的制度化建构［M］.北京：中国科学出版社，2014：38.

展中心的角色定位，重塑组织文化。

## 1. 大学教师角色定位

坚持教师自主发展理念，合理定位大学教师角色。自1097年世界上第一所大学——意大利博洛尼亚大学（the University of Bologna）成立以来，课堂教学一直是大学教育的主要形式，这在任何时候、任何国家都不可能例外。从对大学教师质量提出宽泛简单的要求到对大学教师质量制定严格细致的标准，反映了大学教师职业和大学教师角色的历史演变过程。不同的社会和文化背景下，人们对大学教师角色认识存在差异，其历史发展过程并非呈现简单的线性状态，在同一历史时期，对大学教师素质的评价往往存在着不同的观点。大学教师素质是决定大学教学质量的重要因素，但不是唯一的因素。大学教学质量的保障除了教师质量外，还包括影响大学教学行为发生和教学过程发展的各种其他因素。如果大学教师角色定位不准，或者大学教师发展得不到很好的组织支持，即便是高水平的大学教师也会资源枯竭，不能提供有效的、高质量的大学教学。

随着高等教育改革的深入发展，不同主体对大学教师的角色期待使大学教师承受着越来越大的职业压力，教师传统的信念、价值以及工作和生活方式面临着巨大冲击。大学教师现有能力远远不能满足各方的角色期待：学生希望课堂教学不沉闷，教师不仅传授知识还要有趣；学校期望教师们不仅在教学上提高，而且在科研上不断进步，提高个人学术研究的影响因子和学校的学术影响力；社会对优秀大学教师的认可也远远超出了"教好书"的水平。理想的教师角色，期待高校教师具备丰富的知识、崇高的道德水准、卓绝的教学与科研水平，甚至仪表堂堂、知性贤淑。然而，在紧张的师生关系环境下，高校教师工作量不断增加，获得外部科研经费越来越困难，学术论文发表要求不断拔高，高校教师工资不断缩水，日益强化评价体系和学生评价教学等，尤其是借助信息技术优势，大数据应用与分析也运用于学术管理领域，各种量化指标即时变化的动态跟踪和监测，已把高校、院系、学科乃至教师个体表现纳入一个越来越细密和全景敞视的权力控制之下。①在这些职业压力和巨大角色冲突之下，大学教师的行为表现和心理、精神以及身体状态都呈现出一系列新的特征，比如职业倦怠、精神紧张、工作满意度下降，甚至人格分裂等。"职业倦怠"一词最早由美国心理学家费登伯格（Freudenberge）在1974年提出，它是指一个人在体力、精力、能力等方面无法应付外界需求而引起的身心疲劳和疲惫状态。大学教师作为具有强烈主观能动性的个体，如何在以学生发展、学生学习、学习效果为中心的"新三中心"②理论指导下，满足不同主体对大学教师的角色期待呢？转变角色定位、持续不断地学习精进是大学教师发展的途径之一，实现自我价值是他们继续学习和自主学习的重要因素。"事实上，任何价值首先是人的价值，是社会和个人对人类和个人主体价值的发现、发挥和判断。人这个主体的价值是判断物的价值标准、尺度，作为人类社会主体的人的存在和发展是人类延续、个人存在和发展不可缺少的根本保证，具有无可估量的价值。构建主体间指导学习的教育本质观及其师生关系观是学习化社会通过教育提高师生主体性实践变革的客观要求和理想追求。"③

大学教师自主发展是指大学教师在发展和培养过程中，有意识地形成自主更新意识，最大限度地发挥大学教师自主学习和自我修养的主观能动性。教育管理者或大学教师发展中心的专业人士积极引导和帮助大学教师，在理解自己现状和发展规划的基础上，明确发展目标和方向，制订良好的个人发展计划，积极挖掘自己的潜力，实现自身价值的最大发展，即最大限度地挖掘教师职业的内在价值。大学教师职业具有独特内在价值，大学教师职业由强调工具价值转向注重内在价值。大学教师职业的工具化和将大学教师劳动

① 阎光才. 象牙塔背后的阴影——高校教师职业压力及其对学术活动影响述评［J］. 高等教育研究，2018，39（04）：48-58.

② 赵炬明. 领导改革：SC改革的组织与管理——美国"以学生为中心"本科教学改革研究之九［J］. 高等工程教育研究，2021（04）：8-22.

③ 郝文武. 现代中国教育本质观的合理性建构［J］. 高等教育研究，2022，43（01）：1-9.

性质定位于传递知识，这是制约大学教师发展的重要障碍之一。

大学教师是具有主体性和很强主观能动性的独立个体，大学教师发展由强调外部动力转向重视内部动机，大学教师发展"育己"应先于"育人"：一方面大学教师的发展是教书育人和学生发展的前提，另一方面，自我发展不仅是大学教师的义务，更是大学教师的权利，是丰富大学教师生命内涵的重要途径。大学教师具有自我发展能力，自我发展意识是大学教师发展最主要动力，在大学教师德性养成中，强调反思和自我修养。在大学教师发展中，提倡"自我更新"的取向。[①]同时，大学教师发展中心也应该科学制定大学教师发展标准，设计科学的教师发展路径和培训课程板块。科学的大学教师发展标准决定大学教师发展的方向和质量。要按照"统筹规划、资源共享、体系衔接、系统培养、按需定训、因材施教"的思路，聚力构建紧贴大学教师成才发展需要的大学教师发展标准，提高大学教师的专业化水平，提升高等学校的人才培养质量。大学教师发展中心组织文化的制度化建构旨在通过大学教师发展项目，促进大学教师在专业水平、教学能力和个人成长方面的发展，提升大学教师从事学术职业的活力，促进大学教师的成长发展。

**2. 大学教师发展中心的角色定位**

大学教师发展中心的角色定位具有双重属性：行政属性和学术属性。大学教师发展中心充分发挥组织的双重属性，才能为大学教师发展提供全方位指导和高质量服务，明确大学教师发展中心的双重属性角色定位，才能更好地提高其学术性。一方面，要保证大学教师发展中心具有一定行政级别以及相应的行政权力，使大学教师发展中心能够具备充分的人力、物力和财力资源，能够在较大程度上调配与使用校内其他部门的有关资源，确保中心各项工作顺利展开。另一方面，也要保证大学教师发展中心具有一定的学术权威性，拥有较高水平的专兼职专家团队，确保大学教师发展中心能够以自身的学术力量指导大学教师的教育教学能力提升和大学教师专业发展，以自身学术研究成果引领大学教师开展教育教学改革和大学课程建设等方面研究。

---

① 叶澜. 教师角色与教师发展新探［M］. 北京：教育科学出版社，2001：15.

在国外大部分高校的大学教师发展中心配备了大量的专兼职人员，通常他们来自不同学科领域，大多数水平高、能力强、经验丰富，能够为大学教师发展提供有效服务。然后我国大学教师发展中心仅由几位行政管理人员组成，甚至处于空壳运行现状，要想进一步提高大学教师发展中心的学术性，可以聘请有资历的专家学者兼职人员，弥补大学教师发展中心人员队伍的不足。但是，聘请的专家必须真正参与到大学教师发展中心的活动中，切实发挥作用，不能成为挂名专家。

国外大学教师发展中心作为高校教学质量保障体系的有机组成部分，已经有半个多世纪的历史，发展相对比较成熟。美国高校陆续建立教师发展机构始于20世纪60年代，目前几乎所有高校已经设置了大学教师发展专门机构或功能类似的机构。国外高校的大学教师发展中心，其目的就是为支持大学教师专业发展提供一系列的服务。例如，美国宾夕法尼亚大学教学发展中心的支持和服务对象，包括从资历较高的教师到新进的教学助理，从广受好评的教师到备受争议的教师，并且覆盖了其他大学的教师。一方面，它提供个性化的咨询，帮助教师应对多样化的教学挑战；另一方面，它鼓励教师开展交流研讨和自我反思，教师之间相互借鉴先进经验，同时还搭建各种学科交叉融合的自组织课题科研小组。大学教师发展中心对加强大学教师教学能力建设，促进教学方法交流，提高教师教学水平具有不可替代的重要作用。长期以来，我国大学教师入职和职后培训主要由人事处、教务处等有关职能部门承担，培训安排的科学性、学术性有待评估，虽然也开展了大量卓有成效工作，但由于这些机构各自为阵，缺乏统筹协调和整体规划，造成工作职能往往落实不到位，甚至互相扯皮，培训效果欠佳。因此，推进大学教师发展中心组织变革，有利于整合校内资源，形成育人合力，为大学教师发展中心的制度化、规范化和专业化建设，提供平台支撑和组织保障。

大学教师发展中心确保大学教师具备基本能力素质前提下，为大学教师改进教学质效提供平台支撑。从这个意义上讲，大学教师素质与大学教学质量的概念具有同构性。追求优质教学从而培养卓越人才是所有大学一如既往的理想追求。教育部2018年8月以文件的形式正式提出"金课"概念，这标志着我国高等教育教学评价观从片面追求数量到渴望提升质量的根本性转变。大学教学是人类极具创造性的劳动，影响其效果的因素是多元的，大学课堂教学在大学教育中的地位和作用越来越受到多方关注和重视。课堂教学的质量不仅是学校和教师工作的晴雨表，也深刻地影响着学校和大学教师的可持续发展，因此，热爱课堂教学是大学教师的基本要求，以学生为中心、素质教育、自主创新等理念对大学教师的课堂教学提出了更高的要求和目标，大学教师发展中心终将成为打造培育优秀教师的摇篮。

## 二、明确大学教师发展中心的独特工作职责，建章立制

针对大学教师发展中心的工作职能与其他部门存在交叉重叠的问题，大学教师发展中心应该进一步明确自身组织的独特性，明确大学教师发展中心有哪些工作职能是完全区别于校内其他部门的，通过建章立制，彰显其独立性。对于存在交叉重叠的工作，应充分分析这些工作的性质，如果由大学教师发展中心专门负责，应尽力争取，以保证大学教师发展中心组织职能的完整性和全面性。为了避免职能部门之间的工作存在交叉重叠，有条件的高等学校应尽可能独立设置大学教师发展中心，以便从组织自身发展需求方面进行大学教师发展中心组织的整体设计和规划，避免受到过多外在力量干预。国外大学教师发展机构通常设置由学术副校长主管的直属机构，比如密歇根大学的学习和教学研究中心、哈佛大学的伯克教学与学习中心。

围绕以学生为中心的教学理念，不断创新大学教师发展中心的工作内容，提高专业化水平。大学教师发展中心的工作内容，集中在教师培训、教学交流活动等方面，这些工作内容主要还是校内其他职能部门原有工作职责的拼盘组合。大学教师发展中心应积极开拓探索形式更为多样、更贴合教学发展需求的活动内容，以满足不同教学主体的需求，体现促进教师发展的专业化水准。围绕以学生为中心的教学理念，大学教师发展中心应及时通过问卷调查或者座谈访谈等方式了解校内教师和学生在教学提升方面的需求，根据多样化的需求，系统规划大学教师发展中心的各项工作内容；在各项活动

组织开展过程中，及时了解教师和学生参与大学教师发展中心活动的感受、评价和反馈建议，以便不断改进自身工作，提高工作针对性与适切性。一方面，要突出和强化大学教师发展中心的主体功能，围绕授课技巧、课堂研讨等专题，重点加强对青年教师的教学技能培训，提高青年教师的基本教学能力。同时，要根据不同类型的教师，设计相适应的、有所侧重的多样化、个性化、内容丰富的大学教师发展项目，满足不同类型教师的需求。另一方面，要将教学、咨询、服务等功能集于一体。针对有提高教学技能需求的教师，开展个别咨询服务，通过"专家会诊"，为大学教师提供改进意见。积极组织大学教师开展有关基础课程、教材教法、教学评价等教学改革热点和难点问题研究，调动大学教师主动开展教学研究的积极性。进一步完善对大学教师教学质量的评价机制，形成大学教师自评、同事互评和大学生评教的多元评价机制。借助信息化智能化手段，实现大学教师发展中心功能的集成化、一体化，为教师发展提供全方位服务；同时也为学科交叉融合提供灵活的自组织成长空间和发展平台。

## 三、大学教师发展中心的组织文化建设

自组织不仅是一个组织过程，也是一种治理模式，尤其是在"互联网+"智能化5G时代，信息传递的效率和范围大幅度提升，大学教师发展中心的自组织管理模式能够使教师更好的自我成长，并适应外界各种不确定性环境的变化。

大学教师发展中心组织文化建设的首要目标，是调动教师和学生的主观能动性和自主性，具有自主性管理的组织才能称为自组织。大学教师发展中心组织文化的自主性是教师和学生个体自由地、独立地支配言行的状态，具有自觉性、独立性和创造性特点。自觉性是教师和学生能够清晰地意识到工作或学习的长远目标，自觉自愿地执行或追求实现目标。外在表现为热情、兴趣，内在表现为使命、责任感和工作动机。整体表现为内外一致、具有一惯性的、自然而然的热情自律。大学教师发展中心组织文化的独立性是教师和学生遇事有主见、不依赖他人就能独立处理事情、积极主动完成各项实际

工作的心理品质，并伴随自信、耐心、认真、专注、责任感等意志品质。大学教师发展中心组织文化的创造性是指教师和学生无论是思维品质还是实践活动，都具有强烈的成就动机，敢于探索未知领域并勇于承担责任的特征。

大学教师发展中心组织文化建设的另一个目标是重塑教师和学生的组织价值观。组织价值观对组织成员具有强烈的凝聚力和感召力，能够对组织的行动产生规范、协调作用。组织价值观体现在组织环境中，分为内部环境和外部环境。内部环境主要是高等学校内部的制度机制，正是内部的制度机制维系了大学教师发展中心在高校内部的相互衔接、相互支撑、有机统一和日常运转。外部环境则是影响大学教师发展中心的外部因素，包括社会环境、经济环境、文化环境等。具有主观能动性和自主性的教师和学生本身就具有创造动机和能力，他们自愿汇聚到大学教师发展中心组织，通过规章制度、会议协议等形成组织文化契约，这种组织文化契约基于自愿选择，不具有强制性，但同样具有约束力，这些隐性规章制度为大学教师发展中心组织赋能。

大学教师发展中心的组织文化是校园文化的缩影，加强校园文化建设，实现组织文化内涵式发展，有助于提升大学教师发展中心组织文化的软实力。一流大学具有先进的办学理念、深厚的文化积淀、鲜明的校风学风。好的校园文化实际上折射的是培养人才的土壤、熏陶人才的熔炉，如春风化雨、润物无声，对人才培养发挥着凝聚、导向、规范、激励、协调的作用。

国内外真正一流大学，均设置了与我国大学教师发展中心功能相似的组织机构。大学教师发展不仅需要加强学科专业知识，也要对教育理念和教学方法进行研究和探索。大学教师基于对教育事业、学生发展、对自身发展的追求和责任，大多数教师有相对明确的个人发展目标，大学教师发展中心组织，延伸扩展了大学教师培训的空间，激发促进大学教师实现自我能力的提升。大学教师根据自身发展的需要，取长补短，明确自己擅长什么、必须做什么、不擅长什么、不能做什么，主动互相学习，成为教育领域的专家。在自己不擅长的专业发展领域不追求完美，扬长避短，适当放弃。如果把自我发展、自我修养理解为全面的、不切实际的发展，必然会误入歧途，事倍功半。

大学教师发展中心通过组织文化和组织结构设计打造去中心化、扁平化管理模式的学术共同体自组织，让大学教师围绕共同目标分工协作、集体行动、自我管理。树立研究型、项目化的指导思想，实现四个理念的转变：质量观从外部的教学质量保障体系转向内部教学质量保障与提升；发展目标从教师培训转向教师发展；发展价值取向从整合组织资源转向培育组织；发展支点从借鉴经验转向彰显政策效益；重视大学教师的内在激励，积极拓展其发展的主动性和自觉性。

# 第二节　大学教师发展中心组织结构的链路变革

大学教师发展中心组织结构的链路变革，主要针对当前大学教师发展中心客观上存在着一些问题，比如院校内部组织之间条块分割、院校之间资源共享不畅通、各层级衔接配合不到位不紧密，我们需要强化顶层设计，健全大学教师发展中心自组织，着力组织结构的链路改造，解决好系统间的横向衔接问题。链路是基于组织结构的相对完整的运行机制和工作流程，通过组织结构变革形成链路交叉完成自我净化的新陈代谢功能之后，繁衍产生自组织平台。大学教师发展中心组织结构的链路变革属于动态的大学教师发展中心组织变革，主要基于制度环境、制度化过程等方面，主张建构一套具有现实针对性和可操作性的大学教师发展中心组织结构变革的行动路径。包括构建集约高效的组织管理体系，发挥自上而下的主建作用；加强数据基础设施建设，形成一个统一、稳定、可扩展的数据底层；智能自主、精干高效推进大学教师发展中心组织实现跨越式发展；探索跨学科背景下的联合培训，形成大学教师发展中心协作育人的立体格局，切实推动大学教师发展中心自组织管理模式的协调、可持续发展。

## 一、构建集约高效的组织管理体系，发挥自上而下的主建作用

统一规划、系统推进，把大学教师成长规律和大学教师发展中心组织建设规律研究透彻，把所属院校大学教师发展中心这个小体系设计好、建设好、管理好，实现优势互补、相互支撑、有效衔接。统筹用好高等教育院校、科研机构、社会第三方，比如麦肯锡教育咨询公司等各方面优质资源，搭建支持平台，形成合力。明确各级机构和人员的职责和任务，促进内部沟通与协调，自上而下推进大学教师发展中心组织形态现代化，这是一个系统工程，需要触及体制性、结构性、制度性等深层次矛盾问题，需要对大学教师发展中心组织运行的各个领域进行系统调整。如果能够自上而下按照教育部的统一规划部署，统筹协调各方面力量，切实推进阶段性任务，我国大学教师发展中心的建设水平和大学教师教学质量大幅度提升则指日可待！

推进大学教师发展中心高效顺畅运转，关键要理顺关系，提升教学管理水平，重点处理好三个关系：一是理顺高校内部组织结构和管理运行关系，建立大学教师发展中心自组织管理模式。展望新体制新职能运行，横向上处理好归口统筹与专业指导的关系，注重学科交叉、发挥专业优势，凝聚形成大学教师发展中心培训指导合力；纵向上处理好集中统管与自组织模式的关系，积极探索基于任务的自组织分级管理、基于效果的自组织目标管理、基于标准的自组织规范管理，促进大学教师发展中心的组织资源整合和组织文化融合，形成大学教师发展中心自组织管理优势。

二是厘清职责界面。按照"精前台、强后台"改革思路，健全大学教师发展中心自组织管理运行机制，为集中精力抓筹划、抓指导提供坚强支撑。自组织管理的最大特点就是弱管理。每个自组织团队成员基于共同愿景和目标，自我负责和管理，具有较强的团队合作意识，积极参与和支持自组织团队的公共事务，自组织团队中的每个成员清楚自己的职责界面，都会主动参与到自组织团队事务的管理和执行中，这种多重角色定位有利于自组织团队成员间的理解、尊重和协作，从而提高效率，更好地完成自组织团队目标。

三是完善教学质量管控体系。根据大学教师的现实需求，制定大学教师

发展培训标准，调整培训任务，更新培训内容，实现精准化培训。完善大学教师发展培训方案，审核大学教师发展培训内容，追踪大学教师发展培训质量。把好大学教师发展培训"入口""过程""出口"三个环节，对大学教师发展的培训质量，探索实行上级统一组织下的第三方考核，并建立大学教师发展继续教育电子档案。

## 二、加强数据基础设施建设，形成一个统一、稳定、可扩展的数据底层

人工智能技术的飞速发展及其在教育领域的广泛应用，推动大学教师发展中心不断由信息化向智能化演进，适应智能化发展需求，建立智能化发展体系，进一步推进大学教师发展中心组织形态现代化，加强顶层设计和战略指导。自上而下地规划建设数据基础设施，有利于形成一个统一、稳定、可扩展的数据底层。在数据基础设施稳定的基础上，建立各种可扩展的信息应用系统，系统使用过程中，数据不断生成和积累，通过技术手段，实现结果数据和过程数据的多维采集与分析。

大学教师发展中心的科技含量和智能化信息化水平越高，要求大学教师具备复合的知识结构和较高的信息素养。大学教师发展中心在完善评价指标体系和了解数据需求的基础上进行数据基础设施建设，为教学基本状态信息数据采集分析、教学评价等大项工作提供了切实抓手和数据基础，也为院校之间大学教师发展中心资源交流、共享共建提供了基础平台。

基于大数据和信息化平台，大学教师从入职开始建立个人电子档案，如实、有效地填写大学教师综合素质评价电子档案，是使大学教师学术职业档案有使用价值的前提。每个教师的教学信息、课件资料、学生评教、个人感悟或困惑等个性化资料通过建立电子档案，对评价指标的个性化细分和指标赋分，经过诚信记录、信息采集、调查核实、仲裁复议等一系列闭环流程操作，形成大学教师多维度指标的全面、真实、过程性记录，为促进大学教师综合素质的全面发展提供基础数据。

当今世界，人工智能技术的飞速发展及其在教育领域的广泛应用，推动

教育教学活动不断由信息化向智能化演进，必将重塑大学教师发展中心组织结构和教师教学能力生成模式。应抓住"十四五"的战略机遇，加快制定面向智能化发展战略，推进大学教师发展中心组织现代化的顶层设计和战略指导，把教育理念变为教育现实。国外高等学校通过数据和技术支撑大学办学理念更新，比如加州大学伯克利分校信息部门以通过工具、数据和基础设施为世界一流研究性大学建设赋能为使命和愿景，明确提出了数据和技术对学校办学理念的支持。信息部结合学校的总体战略规划，分阶段制定自己的战略规划，制定具体目标和相应的可量化指标，并最终在实际工具、数据和基础设施建设中付诸实践。加州大学伯克利分校的CAL Answers系统集成了多个数据源，包括员工数据、课程规划数据、注册数据和选课数据等等，为教师、学生和校园管理人员提供全面、准确、统一的数据可视化查询，方便学校各利益相关方对人力资源、财务数据、学生数据等方面进行监控和评估，以确保大学发展与大学使命愿景和战略规划相一致。

## 三、智能自主、精干高效推进大学教师发展中心组织实现跨越式发展

人类社会正由信息化加速向智能化时代发展，大学教师发展中心组织面临全新挑战。特别是以人工智能为核心的颠覆性前沿技术群集中涌现、多点进发，不断掀起以智能化为基本特征的改革浪潮，推动大学教师发展中心组织不断向智能化迈进，实现智能自主，精干高效。人工智能发展的本质，是通过开发先进智能技术及应用方法和系统，促使智能机器具备"自主性"，即可以通过算法和大数据进行自主学习进化、自主判断和自主行动，使其逐步实现甚至超越人的智能。虽然目前的人工智能技术水平距离这一目标还有很大差距，但随着人工智能技术的不断发展，智能化平台将不断增强自适应、自协调、自组织、自控制等能力，并发展成为推动组织结构链路改造的重要力量，推动大学教师发展中心组织向智能化、精干化、高效化的方向发展。

在智能化促进信息化方面，基于深度学习、视觉算法等智能算法的迭代发展，可有效解决信息爆炸、海量数据带来的信息堵塞、真假混杂、信息迷

雾，从而避免信息处理混乱、有效信息产出时效性低等严重问题。推进大学教师发展中心组织结构实现跨越式发展，加强优势叠加、融合互促，升级拓展，形成以智能化为主导、以信息化为基础、以场地设施设备为支撑的大学教师发展中心组织变革格局；以智能化引领信息化的发展方向，以信息化智能化的复合式融合式发展推动大学教师发展中心组织结构和组织形态迈上新台阶。

## 四、探索"四新"背景下的联合培训，形成大学教师发展中心协作育人的立体格局

2018年8月，教育部印发《关于高等学校加快"双一流"建设的指导意见》，明确提出"双一流"建设高校，要以学科组织创新模式，加强学科间的协同互动，围绕重点项目和重大研究问题形成学科群，瞄准国家重大战略和学科发展前沿方向，依托科技创新平台和研究中心，整合多学科人才队伍资源，促进哲学社会科学的融合，工程技术和自然科学。在"双一流"建设的状态下，在各种跨学科学术组织的推动下，特别是"双一流"建设促进跨学科整合，促进跨学科研究与教育发挥着越来越重要的作用和影响，如何解决跨学科学术组织的发展困境和现实矛盾，提高跨学科研究的效率，已成为大学教师发展中心组织变革的研究课题。

一是培养跨学科意识，构建一流的跨学科体系。2019年教育部、科技部等13个部门在天津联合启动"六卓越一拔尖"2.0计划，提出全面推进新工科、新医科、新农科、新文科建设，以提高大学服务社会经济发展的能力。在"四新"建设背景下，重点关注培养跨学科意识，从更宽广的角度和视野去理解学科之间的关系。具体而言，就是既了解一个学科的目标、方法和表达形式，学科知识和研究特点，也能看到各个学科本身的局限性。[①]一方面，培养跨学科意识，需要把握正确政治方向，扎根中国大地办跨学科，不

---

① 吴爱华等.加快发展和建设新工科　主动适应和引领新经济［J］.高等工程教育研究，2017（01）：1-9.

要有侥幸心理或崇洋心态。坚持立德树人，始终将价值引领贯穿于人才培养的全链条全环节。另一方面，培养跨学科意识，必须适应新一轮科技革命需要，构建一流水平的跨学科体系。比如，新工科作为一个复杂的具有多层结构的应用性学科，多学科交叉融合是新工科的显著优势和内在需求。目前我们在人工智能等领域所面临的重大科学难题不是单一学科或某几个学科能够独立解决，需要遵循社会需求和知识发展的双重逻辑，联合多个学科一起协同攻关才能更好破解难题。将新工科作为一级学科纳入国家学科专业目录，推动相关学科的实质性联系、汇聚高素质工科研究队伍，创新新工科的学科理论成果，可以更好提高人才培养质量。

二是大学教师发展中心为大学教师学术共同体自组织提供组织平台支撑。高等学校在对大学教师学术共同体自组织进行管理时，可以尝试在院校内部设立大学教师发展中心组织，进行院校层面的教师学术共同体管理，通过统一部署确保大学教师学术共同体自组织的规范与高效运行，采取扁平化的管理模式，对内负责大学教师学术共同体自组织的人事关系与机制建设的协调事务，对外做好沟通交流的辅助性工作。大学教师发展中心汇聚不同学科的教师，与其他大学教师发展中心建立灵活的合作交流关系，可以在学校的教务管理系统、科研管理系统和人事管理系统之外，搭建学科交叉教学与科研合作网络平台，包括学术论坛、研讨会、工作坊等形式，推动不同学科之间的沟通与碰撞，增进学科交叉合作意愿，激发学科交叉合作灵感，形成可供不同学科背景教师进行交流的广泛意义上的合作框架，以消除学科之间的藩篱和阻碍，实现学科间的交叉融合与平等对话。

三是灵活设置大学教师学术共同体自组织的岗位。学校可以采取竞争的方式资助设立自组织及教师岗位，每个大学教师学术共同体自组织，一般由三个来自不同学科的教师构成。在自组织集群领域，教师可以突破传统学科组织模式的限制，根据自己的意愿与兴趣自由地开展跨学科研究与教育，被称作大学教师学术共同体自组织。一方面，大学教师学术共同体自组织不隶属于任何一个学院或学科系，具有较大的独立性和自主权，所有大学教师学术共同体自组织的教师岗位都属于学院拥有；另一方面，为了加强大学教师学术共同体自组织与院系之间的联系，学校要求大学教师学术共同体自组织的教师均来自不同院系。在学术共同体自组织出现岗位空缺的时候，该岗位并不属于任何院系所有，而属于学校集中管理，由大学教师发展中心进行双向协调配置。

四是有效发挥大学教师学术共同体自组织在促进跨学科合作方面的作用。可以由主管师资和人事的部门对大学教师学术共同体自组织采取学校集中管理的方式，学校直属的大学教师发展中心负责具体的双向协同和日常管理工作，成立以教师为主体的大学教师学术共同体自组织咨询委员会，大学教师学术共同体自组织咨询委员会负责向大学教师发展中心提供有关大学教师学术共同体自组织聘任与管理的咨询与建议。①具体来说，在大学教师学术共同体自组织中，教师管理方面，大学教师发展中心的主要职责包括：制定学术共同体自组织的教师管理政策与发展规划，设立大学教师学术共同体自组织岗位，遴选聘任大学教师学术共同体自组织教师，对大学教师学术共同体自组织的运行进行监督，对大学教师学术共同体自组织教师进行考核评价，组织开展工作坊及周期性研讨会，建设大学教师学术共同体自组织网站等。

五是建立虚实结合的大学教师学术共同体自组织管理体制。建立虚实结合的跨学科教师管理体制，为教师跨学科合作提供组织保障。大学教师学术共同体自组织仍然需要科层制度，隶属于上级部门领导，向下指导和控制学术共同体自组织的项目研究方向。尽管学术共同体自组织不隶属于任何院系，具有较大的独立性和自主权，但是必须接受学校集中统一领导。大学教师学术共同体自组织的教师管理采取自上而下、权责分明的链条管理结构，实行虚实结合的管理体制，有利于打破传统学科间的组织壁垒，促进跨学科视域下不同学科、院系教师之间的学科交流和联系，实现学术共同体自组织教师在跨学科与传统院系之间的角色平衡，为大学教师学术共同体自组织活动的开展提供基本的组织支持和保障，提高学术共同体自组织管理效率。

---

① ［美］米勒. 美国高等学校教员共同治理的组织结构与效率 ［J］. 教育研究，2021，42（06）：82–91.

在"四新"建设背景下，采用大学教师学术共同体自组织的教师管理模式进行联合培训，这是我国大学教师发展的重要方式，有助于加速构建高等学校大学教师发展中心协作育人的立体格局。各高等院校与大学教师发展中心把有参加培训意愿、发展潜力大的优秀教师优先作为推荐对象培育，联合制订遴选教师培训和考评方案，完善联合培训协作机制，制定大学教师发展中心之间培训计划共享和相互通报机制，保证各高等学校实时掌握大学教师发展中心的活动状态和资源动态，让大学教师有更多参与各大学教师发展中心培训的机会。各高校教师发展中心协作育人，充分挖掘和利用各高校的教育优势，扩大和开辟不同对象培养的新模式，走开灵活合理、实用高效的融合培养人才路子。

## 第三节　大学教师发展中心组织资源的体系整合

大学教师发展中心作为大学教师发展提升的"大熔炉"，必须具备先进、过硬的环境条件，按照"技术进步、观念更新、理论牵引、制度支撑、体制跟进"的路径系统设计、整体推进。从打造"三全"时空特征、加强场地设施建设、强化师资队伍建设、完善教学内容体系、发挥辐射示范效应五个方面构建大学教师发展中心的组织资源体系整合，确保体制跟进。

### 一、打造"三全"时空特征

就大学教师发展实践与认识的往复循环螺旋上升的过程看，大学教师发展中心具有全员覆盖、全域支撑、全程链接的时空特征。

一是全员覆盖。从人员看，大学教师发展中心组织贯彻终身教育理念，建成全员覆盖的大学教师发展体系，促进每一名大学教师的全面提高。大学教师发展中心组织的纵向、横向各层次组织成员都应该参与其中，教研室等基层单位有必要系统引入助教制度、教学参观、教学团队、"教学档案袋"等举措，实现全员覆盖。

二是全域支撑。从领域看，大学教师发展中心运用信息化智能化教学的新理念新方法、新手段，统筹协调高等学校内部资源和外部优质教育资源，构建起全域支撑的教师培训新模式，促进大学教师发展中心的持续动态发展。

三是全程链接。从过程看，大学教师发展中心自组织体系凸显了主体性教育思想，着眼大学教师职业发展和人的发展需求，构建与大学教师入职、成长和晋升环环相扣、紧密衔接、动态开放、贯穿大学教师职业生涯发展始终的全程培养体系，并依据大学教师在成长发展不同阶段能力素质需求，充分发挥大学教师发展中心组织平台的作用，通过顶层规划和战略统筹，对资源进行整合和衔接，形成教师培训育人合力，发挥出整体育人功效。

## 二、加强场地设施建设

场地设施建设，是大学教师发展中心开展活动的物质基础，是大学教师发展中心组织建设的关键要素，具体体现在四个方面。

一是注重前瞻性。大学教师发展中心需要建设专业的、具有特色的适应自组织管理模式的场地设施。在场地设施和设备建设中，优先采用已经成熟的现代智能信息技术，从组织训练和考核的先进性、实用性出发，争取设计理念尽量超前、基础建设质量优先，以减少资源成本和人力消耗，提高自组织管理效益，进一步优化组织培训基地。

二是注重长期性。树立一次性投入，永久性受益的思想，建设规划要具有连续性。信息化智能化场地设施建设，不仅体现基础建设的美观、实用、大方，也要兼顾后期的升级换代，还要用现代智能信息技术，提升场地设施的科技含量和建设水平，实现智能化、集成化功能，一举多得，满足未来需求。

三是突出集成性。未来大学教师发展中心的组织结构和管理形态将呈现扁平化、去中心化、网络化的自组织结构形态，自组织以小组织、大功能的形式探索决策与执行有效融合的具体模式和方法，要突出集成性，提高大学教师发展中心组织变革的质效。

四是体现共享性。建立高等院校之间大学教师发展中心资源共享机制，加快信息资源共享与信息基础设施升级，适应信息技术发展，创新"互联网+教育"模式，运用在线学习、翻转课堂、情景再现等先进技术支撑下的教学方法，用好模拟仿真等智能化先进手段，充分发挥场地的最大效益，提高大学教师培训质量效益。

## 三、强化师资队伍建设

建设一支整体结构优化、学历学缘合理、经验阅历丰富、知识能力复合、实践能力较好、充满活力激情的参训教师和教练员队伍。推动大学教师发展中心的参训教师（包括教练员）持证上岗，规范上岗。逐步推进大学教师发展中心的制度更科学、更规范，提升大学教师发展中心的整体教学水平和学术水平以及教学反思评估等能力。承担大学教师发展中心参训教师（包括教练员）任务的师资队伍，不仅具有教书育人的基本技能，还应该具有丰富的实践经验和专业教学能力；不仅要有扎实的专业理论知识，更要熟悉学校情况、了解教师基本情况，具备丰富的带教参训经验，提升教师队伍整体水平和教育教学质量。为了确保师资队伍胜任教学要求，应保证与办学规模相适应的教学资源条件和师资力量，教师聘任考核要注重教学、科研、社会服务的平衡。要支持教师自身专业发展，完善教师专业发展的选拔、培训、评价、激励和反馈的教师专业发展全流程培育制度，确保教师的职业生涯能得到专业化指导和支持。支持服务教师教学改革，设立研究项目，支持教师开展学术研究，引导教师将教学与科研相结合，积极探索人才培养模式、教学组织形式和教学方法的改革创新。同时，教育引导广大教师坚定理想信念、加强理论修养、立德修身、潜心治学，推动我国教师队伍职业道德的树立与良好教风的形成。

## 四、完善教学内容体系

深入研究把握大学教师发展的科学规律，以岗位核心能力生成为主线，针对培训对象特点，围绕课程目标，构设课程教学知识体系和实践活动。注重教学内容动态更新，充分反映先进教育教学理念和科学技术的新发展。优化完善教学内容，针对不同层次不同群体不同需求，各有侧重地设置教学内容，提高大学教师发展中心的活动质量。通常情况，教学内容体系按三个层次设置：一是基础理论。学基础理论，主要回答"是什么""怎么用"的基本理论问题。通过传播先进教育理念，普及教育基本理论，推动教育教学改革，为教师专业发展搭建交流平台，建设卓越的组织文化，引领大学教师专业发展，提升教育教学水平。二是应用理论。是对某一特定活动及运行规律进行系统归纳和总结，是对学基础理论的实际运用和具体化，对某一特定的活动及运用起具体指导作用，包括教育教学精品课展示和教学学术的问题研究与运用等。三是技术理论。它是解决建设和运用具体技术问题的实践科学，以基础理论和应用理论为指导，熟练运用信息技术等智能化手段和设备，追踪理论前沿，动态更新完善教学内容，建立教学内容定期更新机制，常态化推进教学内容模块动态更新，为教师提供有助于其高效开展工作的支持环境，形成有利于教师发展的教学内容体系、支持服务体系和激励制度机制。

## 五、发挥辐射示范效应

发挥好国家级教师发展中心的辐射示范效应，关键在于持续改进和重点建设。通过重点建设，使大学教师发展示范中心在满足本校大学教师发展需求的同时，承担促进区域内大学教师发展的相关任务，发挥大学教师发展中心的示范、辐射、引领作用。

从"十三五"规划期间的建设情况来看，多数大学教师发展示范中心的工作重心定位在大学教师教学能力提高和发展，少数学校将教师个人发展或组织发展纳入大学教师发展中心的发展计划。无论大学教师发展中心设立出于何种目的，始终离不开履行服务职能，定位于"学术共同体自组织"，可以避免将大学教师发展中心演变为功能单一的专业学院、研究机构或行政部门。我们可以有选择地结合自身实际，学习借鉴国外大学教师发展中心的成功做法。比如美国密歇根大学的一个特色项目是教学模拟情景剧，利用剧场表演展示教学和学习两大主题，演出后组织教师和学生们进行讨论，从戏剧中让教师和学生体悟教学的真谛。这种活动在一定程度上提高了教师和学生参与的积极性和主动性，跳出原有的固定思维，去寻求更为新颖的方式来丰富原有的工作内容，让教师和学生更为关注教学、专注于自身教学能力和学习能力的提升，在全校范围内形成良好的教学科研文化。

加强宣传与对外交流，拓宽大学教师发展中心的示范效应和辐射面。大学教师发展中心在高校应尽力而为地给每一位大学教师和学生提供教与学服务；在校外，能够通过与兄弟院校的相互交流和学习，在带动其他大学教师发展中心的同时，也促进自身工作水平的提高。一方面，大学教师发展中心的活动应尽可能地考虑到不同教学主体的需要，从过去主要关注青年教师群体扩展到其他教师群体、研究生助教和学生群体等。比如美国哈佛大学的伯克教学与学习中心的服务对象就包括了教授、讲师、访问学者、助教、学生。另一方面，大学教师发展中心可以将自身工作在校内进行宣传和推广，建立从大学教师发展中心到学院、系部的联络线，让更多人参与其中、乐在其中，提升组织形象和组织有效性。

推进大学教师发展中心组织变革是一项系统工程。应进一步加强顶层设计，明确大学教师发展中心"服务教师、服务学生"的功能定位，切实开展本校和区域内大学教师发展的实际需求调研，明确目标任务，配备专家队伍，做好培训工作。大学教师发展中心组织变革，需要结合实际，把为大学教师能力发展提供优质服务、支援服务作为中短期目标，同时也要注重学科交叉、跨学科集群自组织建设，让大学教师发展中心成为优秀教师的摇篮，成为优秀教育科研成果的孵化器，进而提高大学教师发展中心组织变革的针对性和有效性，真正发挥大学教师发展中心的示范、辐射和引领作用。

# 结　语

　　大学教师发展中心组织变革是一项复杂的系统工程，推进大学教师发展中心组织变革受教育制度、历史传统、科技水平、人文思想等多种因素的影响和制约，是一系列主客观因素共同作用的综合体。坚持以科学的教育理念引领大学教师发展中心的组织变革，教育理念的更新是大学教师发展中心组织变革的理论先导，场地设备的现代化智能化是大学教师发展中心组织变革的物质基础，师资队伍建设是大学教师发展中心组织变革的引领和支撑。一方面必须立足于组织文化的基本价值，这是我们中国人的人格底色、文化基因和心理结构；另一方面后疫情时代，我国更要直面不同文化之间的冲突与对话，从而使中国高等教育改革不仅是我国的高等教育改革，也使其融入并成为世界文化进步与发展的一个有机组成部分。

　　大学教师发展中心的组织变革按照"技术进步、观念更新、理论牵引、制度支撑、体制跟进"的思路，通过大学教师发展中心组织文化的制度化建构、组织结构的链路变革、组织资源的体系整合，进行系统设计，整体推进。如果忽视这个过程的某个中间环节，单纯以体制编制调整改革或通过技术进步推进大学教师发展中心组织变革都是片面的，建议从战略全局加强大学教师发展中心的科学统筹，共同推进大学教师发展中心组织变革的历史进程。大学教师发展中心的组织变革，应坚持改变组织结构"硬件"和同步推进以组织文化为核心的"软件"改革相结合，将大学教师发展中心建设成为教师生涯的加油站、教学经验的聚宝盆、教学名师的摇篮、教育科研成果的孵化器、教学改革的制高地和学校战略的推进器。

# 第一节　研究结论

第一，学科分化与学术职业发展是大学教师发展中心组织演变的基本动因，大学教师发展中心的组织变革是寻求知识逻辑与社会逻辑相统一的过程。大学教师发展中心组织变革通常以组织变革理论为基础，大学教师发展中心自组织的价值诉求涉及自组织的核心要素及管理模式、去中心化和组织扁平化、"互联网+"时代的组织结构变革等方面。从认识论、系统论、实践论的视角分析大学教师发展中心组织变革，分别形成大学教师发展的主体观、系统观、时空观，进而演绎出大学教师发展中心组织变革的分析框架——组织文化和组织结构。

第二，根据发生学理论，大学教师发展中心组织变革的内在机理涉及演进逻辑、基本方式和基本元素等，我国大学教师发展中心组织文化呈现多层次特征。

大学教师发展中心组织演变的基本动因是学科分化与学术职业发展，包括外在动因，内在动因，深层动因三个层面。大学教师发展中心组织变革的基本逻辑是寻求知识逻辑与社会逻辑相统一的过程，自组织是大学教师发展中心组织变革的基本机理取向，马赛克文化是大学教师发展中心组织变革的基本特征。从自组织的核心要素及管理模式、去中心化和组织扁平化、"互联网+"时代的组织结构变革等方面优化转型是大学教师发展中心自组织的变革方式。知识活动与思想自由是大学教师发展中心组织动态变化生成的必要条件；大学教师的能力变迁及能力重构是大学教师发展中心组织变革的实践主线和价值诉求。

大学教师发展中心组织包含组织战略、组织技术、组织资源、组织文化、组织结构、组织功能等诸多元素。运用学理逻辑，将要素融合，去粗取精，在制度概念上采取新制度主义组织理论中美国学者W·理查德·斯科特对制度的综合性界说，将规制性、规范性和文化—认知性三种制度要素或制度层面以相互独立或相互强化的方式构成有机统一的分析维度，这种分析维度既能容纳又能展现大学教师发展中心组织的结构性力量，因而是具有弹性的分析维度和包容性的模型，本书将上述制度要素一并归纳为组织文化因素，形成组织文化的多层次特征。

第三，大学教师发展中心组织文化和组织结构两个向度互相嵌入。大学教师发展中心组织变革围绕组织使命，存在两个向度：一个是通过组织结构实现组织的正常运转功能，比如隶属关系；另一个向度是组织文化。组织内部的职责分工，比如制度建设，依靠组织文化凝聚和协调内部冲突。组织文化和组织结构这两个向度并非彼此独立存在，它们是大学教师发展中心组织不可分割的两个方面。

在组织文化方面，不同文化背景下的大学教师发展中心组织演进脉络具有不同特征和类型。大学教师发展中心的理想组织文化模式——自然合作组织文化，就像"流动的马赛克"，远看似一幅完整的图画，浑然一体，近看则是由不同小块的个体组成。它强调每个大学教师都是独立个体，他们各具特色，处于松散的、相对独立的联合状态，正是这种看起来松散的自组织联合构成了教师合作的整体图景。自然合作组织文化是基于教师之间的开放性、信赖性和相互支持、援助而形成的一种关系形式，具有自发性、自愿性、自主性等自组织特征，它是经过人为合作文化阶段后更高级的自然合作组织文化。

在组织结构方面，采用文献研究和比较研究，通过考察大学教师发展中心组织结构的变革趋势，探索大学教师发展中心的组织结构设计发现，自组织是大学教师发展中心管理转型的新方向。依据丹尼森组织模型特征——适应性、使命、参与性和一致性，建构大学教师发展中心组织结构初步测评框架，有利于把握我国大学教师发展中心组织建设的新定位与自组织走向，促进大学教师发展中心管理向自组织化成功转型。

第四，大学教师发展中心变革需要采用二元结构的融合发展路径。大学教师发展中心的组织变革，须坚持改变组织结构"硬件"和同步推进以组织文化为核心的"软件"改革相结合，将大学教师发展中心组织建设成为教师生涯的加油站、教学经验的聚宝盆、教学名师的摇篮、教育科研成果的孵化器、教学改革的制高地和学校战略的推进器。本书遵循"技术进步—观念更新—理论牵引—制度支撑—体制跟进"的脉络，通过大学教师发展中心组织文化的制度化建构、组织结构的链路变革、组织资源的体系整合，进行系统设计，整体推进，形成一种类似生态系统、自完善、自进化的去中心化的自组织管理模式。

第五，探索"四新"建设背景下的联合培训，形成大学教师发展中心协作育人的立体格局。2019年教育部、科技部等13个部门在天津联合启动"六卓越一拔尖"2.0计划，提出全面推进新工科、新医科、新农科、新文科（简称"四新"）建设，以提高大学服务社会经济发展的能力。在"四新"建设背景下，构建一流的跨学科体系，需要关注四个方面的具体策略：一是大学教师发展中心为大学教师学术共同体自组织提供组织平台支撑。大学教师发展中心采取扁平化的管理模式，对内负责大学教师学术共同体自组织的人事关系与机制建设的协调事务，对外做好沟通交流的辅助性工作。大学教师发展中心汇聚不同学科的教师，与其他大学教师发展中心建立灵活的合作交流关系，可以在学校的教务管理系统、科研管理系统和人事管理系统之外，搭建跨学科的教学与科研合作网络平台，包括学术论坛、研讨会、工作坊等形式，推动不同学科之间的沟通与碰撞，增进跨学科合作意愿，激发跨学科合作灵感，形成可供不同学科背景教师进行交流的广泛意义上的合作框架，以消除学科之间的藩篱和阻碍，实现学科间的交叉融合与平等对话。

二是灵活设置大学教师学术共同体自组织的岗位。学校可以采取竞争的方式资助设立自组织及教师岗位，每个大学教师学术共同体自组织一般由三个来自不同学科的教师构成。在自组织集群领域，教师可以突破传统学科组织模式的限制，根据自己的意愿与兴趣自由地开展跨学科研究与教育，被称作大学教师学术共同体自组织。一方面，大学教师学术共同体自组织不隶属于任何一个学院或学科系，具有较大的独立性和自主权，所有大学教师学术共同体自组织的教师岗位都属于学院拥有；另一方面，为了加强大学教师学术共同体自组织与院系之间的联系，学校要求大学教师学术共同体自组织的教师均来自不同院系。在学术共同体自组织出现岗位空缺的时候，该岗位并不属于任何院系所有，而属于学校集中管理，由大学教师发展中心进行双向协调配置。

三是有效发挥大学教师学术共同体自组织在促进跨学科合作方面的作用。可以由主管师资和人事的部门对大学教师学术共同体自组织采取学校集中管理的方式，学校直属的大学教师发展中心负责具体的双向协同和日常管理工作，成立以教师为主体的大学教师学术共同体自组织咨询委员会，大学教师学术共同体自组织咨询委员会负责向大学教师发展中心提供有关大学教师学术共同体自组织聘任与管理的咨询与建议。具体来说，在大学教师学术共同体自组织中，教师管理方面，大学教师发展中心的主要职责包括：制定学术共同体自组织的教师管理政策与发展规划，设立大学教师学术共同体自组织岗位，遴选聘任大学教师学术共同体自组织教师，对大学教师学术共同体自组织的运行进行监督，对大学教师学术共同体自组织教师进行考核评价，组织开展工作坊及周期性研讨会，建设大学教师学术共同体自组织网站等。

四是建立虚实结合的大学教师学术共同体自组织管理体制。建立虚实结合的跨学科教师管理体制，为教师跨学科合作提供组织保障。大学教师学术共同体自组织仍然需要科层制度，隶属于上级部门领导，向下指导和控制学术共同体自组织的项目研究方向。尽管学术共同体自组织不隶属于任何院系，具有较大的独立性和自主权，但是必须接受学校集中统一领导。大学教师学术共同体自组织的教师管理采取自上而下、权责分明的链条管理结构，实行虚实结合的管理体制，有利于打破传统学科间的组织壁垒，促进跨学科视域下不同学科、院系教师之间的学科交流和联系，实现学术共同体自组织教师在跨学科与传统院系之间的角色平衡，为大学教师学术共同体自组织活动的开展提供基本的组织支持和保障，提高学术共同体自组织管理效率。教育部"四新"建设背景下，联合培训和大学教师学术共同体自组织的教师管理模式是我国大学教师发展的重要方式，有助于加快形成高等学校大学教师发展中心协作培育的立体格局。

当我们试图使大学教师发展中心的组织形态变得更加健康和更有效率的时候，我们需要从时空角度出发，既要观察和分析空间维度中影响大学教师发展中心的组织发展变化的多重因素之间的动态匹配特征，以及不平衡所引发的矛盾和机会，同时又要从纵向发展历程的视角，识别大学教师发展中心组织形态的前世今生、所处发展阶段的核心命题。时空维度让我们看到大学教师发展中心组织形态的系统性和动态变化特征，从而让我们对大学教师发展中心组织形态的理解更加准确和深入，并且让我们在考虑大学教师发展中心的组织结构设计时，具有无限的灵活性，可以有效放大关于组织经验学习的空间维度。大学教师发展中心的组织形态，在不同的发展阶段，职能任务、组织使命和人的价值排序以及相互之间的关系会存在差异，通过组织内部的开放竞争和协同机制，增强组织适应环境变化的能力，实现组织内部创新"自优化"和系统进化"自提升"功能。接近混沌边缘状态的有序组织，拥有最大的灵活性和最强的创造力，同样一个时点，一个组织的前世很可能是另外一个组织的今生。看似无限差异化的组织之间，在有关组织结构设计和运行、采用的工具方法、经验和教训上，因为时空的存在而有了相互之间灵活借鉴和无限创造的可能，最终有助于我们去总结大学教师发展中心组织的发展规律。大学教师发展中心组织变革始终处于动态平衡之中！

# 第二节　创新性和局限性

## 一、创新性

在高等教育学界，教育理论与教育实践的关系重构，既不是为了否定理论联系并指导实践的价值，也不是为了改变实践作为检验理论正确与否的标准，而在于重新认识高等教育理论存在的自足性，以及高等教育理论与实践复杂而多元的关联方式，改变在两者关系上长期形成的自以为不证自明的自洽逻辑。从现象学的视角出发，"高等教育理论联系实践"是一个流变的观念，本书试图探析大学教师发展中心组织变革的理论背景，同时展望未来，构建理想大学教师发展中心自组织形态。

第一，本书基于自组织的核心要素提出了当前大学教师发展中心组织变革的价值诉求，从组织文化和组织结构交互融合的视角，揭示大学教师发展中心自组织的基本特征，并创新性地提出了跨学科背景下，大学教师发展中心建立虚实结合的教学学术共同体自组织管理体制的具体策略。本书运用组织文化的二维度法（内部、外部导向；集权、分权）和组织结构的丹尼森组织模型特征（适应性、使命、参与性、一致性）解决大学教师发展组织变革路径选择的适切性问题，揭示大学教师发展中心自组织的基本特征，包括整体大于其部分之和、分布式控制、去中心化等。尤其是教育部提倡"四新"建设背景下，促进学科融合，突破学科疆界，以集群学科的力量或者多学科方法开展研究的背景下，提出大学教师发展中心去中心化的自组织管理模式，有利于系统解决复杂问题。本书创新性提出大学教师学术共同体自组织的教师管理策略，采取权责分明的自组织链路管理结构，实行虚实结合的管理体制，有利于打破传统学科间的组织壁垒，促进跨学科视域下不同学科、不同院系教师之间的学科交流和融合，实现学术共同体自组织教师在跨学科与传统院系之间的角色平衡，为大学教师学术共同体自组织活动的开展提供基本的组织支持和保障，提高学术共同体自组织管理效率。

第二，本书从发生学理论分析了我国大学教师发展中心组织变革的内在机理，阐释了我国大学教师发展中心的路径依赖及影响因素，创新性地提出了大学教师发展中心组织文化的多层次特征。研究提出大学教师发展中心组织演变的基本动因是学科分化与学术职业发展的需要，包括外在动因、内在动因、深层动因三个层面。大学教师发展中心组织变革的基本逻辑是寻求知识逻辑与社会逻辑相统一的过程，自组织是大学教师发展中心组织变革的基本机理，马赛克文化是大学教师发展中心组织变革的基本特征。从自组织的核心要素及管理模式、去中心化和组织扁平化、"互联网+"时代的组织结构变革等方面优化转型是大学教师发展中心自组织的变革方式。知识活动与思想自由是大学教师发展中心组织动态变化生成的必要条件；大学教师的能力变迁及能力重构是大学教师发展中心组织变革的实践主线和价值诉求。

第三，本书提出了大学教师发展中心二元结构的融合发展路径。在"四新"建设背景下，突破传统学科疆域，着力培养跨学科意识，构建一流的跨学科体系，建构改变组织结构"硬件"和同步推进以组织文化为核心的"软件"改革的大学教师发展中心二元结构融合发展路径。本书创新性地提出跨学科背景下联合培训和大学教师教学学术共同体自组织的教师管理模式的具体策略，包括大学教师发展中心为大学教师教学学术共同体自组织提供组织平台支撑；灵活设置大学教师教学学术共同体自组织的岗位；有效发挥大学教师教学学术共同体自组织在促进跨学科合作方面的作用；建立虚实结合的大学教师教学学术共同体自组织管理体制，为教师跨学科合作提供组织保障。通过大学教师发展中心组织文化的制度化建构、组织结构的链路变革、组织资源的体系整合，进行系统设计，整体推进，形成一种类似生态系统、自完善、自进化的去中心化的自组织管理模式，从而助推大学教师发展中心组织成为教师生涯的加油站、教学经验的聚宝盆、教学名师的摇篮、教育科研成果的孵化器、教学改革的制高地和学校战略的推进器。

## 二、局限性

一是大学教师发展中心组织管理的深层次问题有待进一步深入了解、挖掘和研究。从中外大学教师发展中心的演变历程考察发现，不同时间点上，构成大学教师发展中心的核心要素以及相互之间的关系表征出来的组织结构会呈现出不同的特征。大学教师发展中心组织管理的表象看起来是零散的，不同的人站在不同视角对各种矛盾的感受不一致，甚至是冲突的。我国大学教师发展中心发展历程并不悠久，历史沿革和制度变迁仍处于起步探索阶段，所以存在很多共性问题，然而大学教师发展中心组织的深层次管理问题，是因果循环、前后传导、环环相扣、复杂动态变化的，有待进一步深入了解、挖掘和研究。

二是大学教师发展中心组织变革的理论庞杂，测评工具很多，没有深入分析不同测评理论的优劣，有待活学活用。今后还需进一步开阔研究视野，查阅搜集国内外大学教师发展中心组织变革效能测评的理论文献和一手测评工具资料，横向、纵向对比其特征，了解其优劣势，进一步深入辨析、系统研究。尽管笔者查阅收集了大量企业组织管理的案例和组织结构变迁的一手资料，包括在新浪微博上被转发了1万多次的美国科技公司的组织结构图和我国众多科技企业组织结构案例，比如等级森严且有序的亚马逊、架构分散的Facebook、结构清晰但产品和部门交错混乱的谷歌；内部各自占山为王、"军阀"作风深入骨髓的微软以及苹果、甲骨文、淘宝、京东、搜狐、海尔、国美等企业的组织结构案例，这些零散的资料由于笔者研究驾驭能力不够，没能力吸纳运用到大学教师发展中心的自组织建设中，需要进一步研究和拓展。

# 第三节 相关展望

在大学教师发展中心组织变革中，应重视跨学科研究，弱化学科疆域，兼顾教师个体学习和学术共同体自组织两种模式各自的特征。大学教师发展中心属于学术共同体自组织，其成员来自不同学科，具有一定文化差异性。尽管不同学科文化具有差异和冲突的一面，但都属于学术文化的一部分，应更加注重文化融合趋势和可能，在教学实践中，将组织文化作为探讨大学教师发展中心知识管理和知识创生的工具，具有重要现实意义和理论价值。

大学教师发展中心组织结构具有动态稳定性，应注重不同组织结构要素之间的匹配和互补作用。大学教师发展中心组织独特的、核心的竞争优势，在于拥有能够确保大学教师发展中心具备各方面互补的协调和整合机制，也就是自组织模式，但是又不是纯粹自发的自组织。大学教师发展中心的组织内部各要素之间相互关联作用、协调一致形成稳定的组织结构，稳定组织结构支撑下的自组织模式，是大学教师发展中心组织竞争优势的核心所在，是比组织战略的任何单一方面更突出的竞争优势来源。过度松散的组织结构可能物极必反，使组织变得过于简单，失去其适应能力，无法与复杂的环境相匹配。大学教师发展中心的管理者应选择"适当程度"的组织结构，既要避免组织结构隶属层级过低导致的组织松散和混乱，也应防止组织结构隶属层级过高导致的集中和僵化。对"适当"的定义主要取决于组织所处的环境，一般而言，环境越灵活多变，不确定性越大，组织要素就越松散。大学教师发展中心组织创新的速度超过大学教师发展中心组织变革的承受能力，将会适得其反；也就是说，我们应该对过度保守和过度创新的风险予以同等重视，避免陷入其中任何一种困境中。

在大学教师发展中心组织变革研究中，应特别关注环境的不确定性，学以致用，为大学教师发展中心的独立建制和高水平高起点运行的具体实践提供决策咨询。大学教师发展中心的组织结构设计，是对大学教师发展中心组织进行分工、协调、控制以及责任评估和选择，以实现组织目标的过程。影响大学教师发展中心组织设计的关键因素包括环境、战略选择和技术。环境因素包含大学教师发展中心组织目前面临环境的特性和未来可能出现的环境，而且这些环境要求是怎么影响组织处理信息，应对组织外部环境与技术领域的变化，以及达到分散与整合的理想水平的能力等。我们在对组织结构进行设计时，下一步，应该认真研究环境的不确定性，把握环境因素里的复杂性、动态性特征，使组织结构设计科学有效，这是需要继续深入研究和思考的课题。包括目前军队院校大学教师发展中心仍处于起步阶段，只有少数军队院校建立了校内教师发展中心，更多军队院校教师发展培训依赖于本省大学教师示范中心的课程集训进行，通常每学期组织教师分批集训五天时间，缺乏系统性和可持续性，需要在今后工作中更好地推动大学教师发展中心组织变革理论转化为院校教师发展中心的教育教学实践。

大学教师发展中心自组织管理具有天然优势，它使大学教师发展中心初创时的动力得到延续。当前高等教育教学改革的深入推进需要更具专业性的大学教师队伍。不论是大学教师发展中心还是大学教师自身，都必须积极主动地采取多种方式来促进大学教师专业发展，提升大学教师的专业性。依托大学教师发展中心，重建大学教师发展的自组织管理模式，需要审视高等教育理论之特性，结合大学教师自身的学科专业背景，提升大学教师对大学学术职业的理解，培养批判性思维和检视自我的习惯。在促进大学教师发展方式上，"他主"与"自主"是大学教师发展的两种基本方式，在整个大学教师发展生涯中，教师自主具有独特价值。新科技革命正以人工智能、物联网、能源互联网等为核心快速孕育发展，充满可能性和不确定性的时代铺展在每一个大学教师面前。2019年突如其来的新型冠状病毒感染疫情，迫使人们进入了世界范围超大规模的在线课程学习，这推动大学教师发展中心的组织形态悄然改变，线上线下结合的混合教育模式正在经历重大教育变革，已经猝不及防到来的未来正在给每一位大学教师提供超常规、弯道超车发展的良机！也许未来的云端，可能出现并不属于任何一所大学的虚拟教席，大学虚拟教席老师以他们渊博的学识、丰富的学术视野、敏锐的洞察力和灵活的教学方法，深受学生们的喜爱，成为大学生成长过程中的引路人和未曾谋面的导师。未来在现实的大学校园里，也许会有更多大学教师通过线上线下混合的多维触角，遇见全球视野中跨越文化、跨越时空边界的学生。一个大学教师的价值不再囿于一所大学，而在于社会贡献度和在更大、更广范围的身份认同。大学教师发展不再囿于传统的传帮带和师徒制，而是更加新颖的、需求默契的、优势组合的、双向选择式的更大平台的自组织管理模式。大学教师发展中心是否已经准备好给大学教师创设支撑大学教师实现超常规、跨越式发展的组织环境呢？期待我们一起洞见未来！

# 参考文献

## 一、中文文献

### （一）专著

［1］〔美〕L.E·葛雷纳. 当组织成长而出现的演变和变革［A］. 孟光裕译. 北京：中国社会科学出版社，1985.

［2］〔美〕伯顿·克拉克. 高等教育系统——学术组织的跨国研究［M］. 王承旭，徐辉等译. 杭州：浙江教育出版社，1994.

［3］〔美〕弗兰克·纽曼. 高等教育的未来：浮言、现实与市场风险［M］. 李沁译. 北京：北京大学出版社，2012.

［4］〔美〕弗里蒙特·E·卡斯特，詹姆斯·E·罗森茨韦克. 组织与管理——系统方法与权变方法［M］. 李柱流等译. 北京：中国社会科学出版社，1988.

［5］〔美〕华勒斯坦. 学科·知识·权力［M］. 刘健芝等译. 北京：生活·读书·新知三联书店，1999.

［6］〔美〕诺尔·蒂奇，斯特拉福德·舍曼，掌握命运：通用电气的改革历程［M］. 吴郑重译. 上海：上海译文出版社，1996.

［7］〔美〕希拉·斯劳特. 学术资本主义［M］. 梁骁等译. 北京：北京大学出版社，2014.

［8］〔美〕小詹姆斯·H·唐纳利. 管理学基础——职能·行为·模型［M］.李柱流等译.北京：中国人民大学出版社，1990.

［9］〔英〕哈耶克. 自由秩序原理［M］.邓正来译.北京：生活·读书·新知三联书店，1997.

［10］阿拉斯戴尔·麦金太尔. 依赖性的理性动物：人类为什么需要德性［M］.刘玮译.南京：译林出版社，2013.

［11］陈洪捷. 德国古典大学观及其对中国的影响［M］.北京：北京大学出版社，2002.

［12］弗里德里希·包尔生. 德国大学与大学学习［M］.张弛等译.北京：人民教育出版社，2009.

［13］郝克明，汪永铨. 中国高等教育结构研究［M］.北京：人民教育出版社，1987.

［14］贺祖斌. 高等教育生态论［M］.广西：广西师范大学出版社，2005.

［15］胡建华. 高等教育新论［M］.南京：江苏教育出版社，1995.

［16］胡仁东. 我国大学组织内部机构生成机制研究［M］.广东：广东教育出版社，2010.

［17］〔德〕康德. 判断力批判（下）［M］.邓晓芝译.北京：商务印书馆.2017.

［18］〔美〕亚瑟·科恩. 美国高等教育通史［M］.李子江译.北京：北京大学出版社，2010.

［19］〔美〕理查德·L. 达夫特. 组织理论与设计（第10版）［M］.王凤彬等译.北京：清华大学出版社，2017.

［20］〔美〕W. 理查德·斯科特. 组织理论：理性、自然与开放系统的视角［M］.高俊山译.北京：中国人民大学出版社，2011.

［21］刘宝存. 大学理念的传统与变革［M］.北京：教育科学出版社，2007.

［22］卢晓中. 高等教育概论［M］.上海：高等教育出版社，2009.

［23］鲁洁，冯建军. 教育转型：理论、机制与建构［M］.北京：教育科

学出版社，2013.

　　［24］陆雄文. 管理学大辞典［M］. 上海：上海辞书出版社.2013.

　　［25］罗伯特·K. 殷. 案例研究：设计与方法［M］. 重庆：重庆大学出版社，2010.

　　［26］〔美〕罗杰. 盖格. 大学与市场的悖论［M］. 郭建如、马林霞等译. 北京：北京大学出版社，2020.

　　［27］林杰. 美国大学教师发展组织和项目［M］. 山西：山西教育出版社，2018.

　　［28］〔英〕杰勒德·德兰迪. 知识社会中大学［M］. 黄建如译. 北京：北京大学出版社，2010.

　　［29］彭克宏. 社会科学大词典［M］. 北京：中国国际广播出版社，1989.

　　［30］屈廖健. 美国研究型大学教师发展中心运行机制变迁［M］. 太原：山西教育出版社，2020.

　　［31］沈小峰，胡岗，姜璐. 耗散结构论［M］. 上海：上海人民出版社，1987.

　　［32］沈小峰，吴彤，曾国屏. 自组织的哲学—— 一种新的自然观和科学观［M］. 北京：中共中央党校出版社，1993.

　　［33］孙立平. 现代化与社会转型［M］. 北京：北京大学出版社，2005.

　　［34］王海山，王续琨. 科学方法辞典［M］. 杭州：浙江教育出版社，1992.

　　［35］王英杰. 世界一流大学的形成成与发展［M］. 太原：山西教育出版社，2008.

　　［36］王玉丰. 中国新建本科院校转型发展研究——基于自组织理论的分析范式［M］. 北京：教育科学出版社，2011.

　　［37］王玉衡. 美国大学教学术运动［M］. 北京：北京师范大学出版社，2012.

　　［38］温正胞. 大学创业与创业型大学的兴起［M］. 杭州：浙江大学出版社，2011.

［39］吴慧平.西方大学共同治理［M］.北京：北京师范大学出版社，2012.

［40］吴彤.自组织方法论研究［M］.北京：清华大学出版社，2001.

［41］吴振利.美国大学教师教学发展研究［M］.北京：教育科学出版社，2012.

［42］谢艳娟.大学实践课程制度变革研究［M］.青岛：中国海洋大学出版社，2020.

［43］徐延宇.高校教师发展：基于美国高等教育的经验［M］.北京：教育科学出版社，2009.

［44］〔美〕雅罗斯拉夫·帕利坎.大学理念重审：与纽曼对话［M］.杨德友译.北京：北京大学出版社，2008.

［45］叶澜.教育研究方法论初探［M］.上海：上海教育出版社，2001.

［46］阎凤桥.大型组织与治理［M］.北京：同心出版社，2006.

［47］杨少杰.组织结构演变［M］.北京：中国法制出版社，2020.

［48］张玉利，程斌宏.重新设计组织［M］.天津：天津人民出版社，1997.

［49］浙江大学课题组.中国高等学校的分类问题［M］北京：高等教育出版社.2009.

［50］周雪光.组织社会学十讲［M］.北京：社会科学文献出版社，2012.

［51］朱国仁.高等学校职能论［M］.哈尔滨：黑龙江教育出版社，1999.

［52］查晓虎.教师专业发展：路径与策略［M］.安徽：安徽师范大学出版社，2021.

（二）期刊

［1］别敦荣，陈艺波.论学术职业阶梯与大学教师发展［J］.高等工程教育研究，2006（06）：17-23.

［2］别敦荣，李家新.大学教师教学发展中心的性质与功能［J］.复旦教育论坛，2014，12（04）：41-47.

［3］别敦荣，韦莉娜，李家新.高校教师教学发展中心运行状况调查研究［J］.中国高教研究，2015（03）：41-47.

［4］别敦荣，易梦春.高等教育质量文化及其建设策略［J］.高等教育研

究, 2021, 42 (03): 7-16.

[5] 别敦荣. "十四五" 时期大学发展规划的战略意义 [J]. 大学教育科学, 2021 (06): 20-27.

[6] 别敦荣. "双循环" 视角下中国高等教育普及化发展的意义 [J]. 中国高教研究, 2021 (05): 22-28+35.

[7] 别敦荣. 大学新教师入职要面对的十个问题及其解决方案 [J]. 江苏高教, 2019 (01): 56-63.

[8] 别敦荣. 大学组织文化的内涵与建设路径 [J]. 现代教育管理, 2020 (01): 1-7.

[9] 曹琦林. 高校教师教学发展中心组织职能定位研究 [J]. 黑龙江教育 (高教研究与评估), 2013 (04): 91-92.

[10] 陈艾华, 邹晓东, 陈勇等. 美国研究型大学跨学科研究的实践创新——以威斯康星大学麦迪逊分校CHI为例 [J]. 高等工程教育研究, 2010 (01): 117-120+163.

[11] 陈斌. 建设教学文化, 服务教师发展 [J]. 高等教育研究, 2015, 36 (01): 107-109.

[12] 陈超, 郗海霞. 美国研究型大学的教学激励机制及其启示 [J]. 高等教育研究, 2011, 32 (05): 70-76.

[13] 陈达云, 李永. 服务性学术实体应成为高校教师教学发展组织建设的方向 [J]. 教育研究, 2016, 37 (12): 120-122.

[14] 陈贵梧. 美国研究型大学的核心使命及其演变研究: 基于使命陈述中关键词的词频分析 [J]. 复旦教育论坛, 2013, 11 (01): 80-85.

[15] 陈国权. 学习型组织的组织结构特征与案例分析 [J]. 管理科学学报, 2004 (04): 56-57.

[16] 陈剑利, 杨丽珍. 非行政化教师教学发展中心运行模式的实践与研究 [J]. 北京教育 (高教), 2014 (06): 42-45.

[17] 陈时见, 李英. 高校教师发展的机构建设与实施途径 [J]. 教育研究, 2013, 34 (06): 72-77+100.

［18］陈廷柱.二维象限分析法及其在教育研究中的应用［J］.教育研究与实验，2012（03）：55-59.

［19］陈廷柱.学系在美国大学的诞生与发展［J］.高等教育研究，2018，39（12）：76-85.

［20］陈廷柱.学院设置与学科建设相互关系论略［J］.大学与学科，2020，1（01）：41-43.

［21］陈廷柱.院系治理改革的路径选择及其系统化策略［J］.中国高教研究，2017（01）：8-12+17.

［22］陈先哲.捆绑灵魂的卓越：学术竞标赛制下大学青年教师的学术发展［J］.教育发展研究，2014，34（11）：12-18.

［23］陈志勇.大学教师发展中心：是什么？做什么？［J］.高等工程教育研究，2013（06）：92-96.

［24］程平，李小平.构建新型预警人才供需对接培养体系浅见［J］.指挥学报，2021（05）：39-41.

［25］程平，舒重胜.基于岗位牵引的任职教育教学模式改革［J］.继续教育，2014（03）：61-63.

［26］程平.战略管理视角下军队院校办学定位的现实主观困境和基本策略思考［J］.海军院校教育，2021，31（03）：22-24.

［27］戴丽娟.教师教学发展中心：促进教学学术能力发展的运行机制［J］.煤炭高等教育，2013，31（06）：56-59.

［28］董云川.冷漠的教育：大学朝向一流的根性缺失［J］.高教探索，2019（10）：5-11.

［29］董云川.新年教育反思：渊深鱼自乐［J］.高教发展与评估［J］.2021，37（01）：1-5.

［30］段利华，褚远辉.对成立大理学院教师教学发展中心若干问题的思考［J］.大理学院学报，2011，10（10）：9-14.

［31］段治乾.试论教育制度伦理公正［J］.中州学刊，2004（02）：148-150.

［32］樊泽恒. 提升大学教师教学能力的技术选择及策略［J］. 高等教育研究，2009，30（08）：89–94.

［33］范西莹. 大学教学转型下的教师教学发展中心建设思路分析［J］. 国家教育行政学院学报，2013（11）：39–42.

［34］范怡红，谭敏. 多维学术观与大学教师发展：理论与实践研究［J］. 教育研究与实验，2009（06）：27–31.

［35］傅树京. PDS与TDS：教师专业发展的有效途径［J］. 教师教育研究，2004（06）：7–12.

［36］高宝立，卢彩晨. 我国高等教育系统内部的自组织与有序发展［J］. 高等教育研究，2011，32（06）：19–23.

［37］高捷. 建设教学发展中心，搭建教师专业化成长平台［J］. 中国高等教育，2013（06）：27–29.

［38］高坤华，李小平，程平. 从供需对接视角看生长干部学员培养模式创新［J］. 空军预警学院学报，2019，33（04）：303–306.

［39］高文豪，陈超. 美国研究型大学教师职称晋升权力分治现象——以哈佛大学文理学院终身教职晋升为例［J］. 教师教育研究，2013，25（06）：85–90.

［40］高筱卉，赵炬明. 积极学习类教学法：原理、方法与建议——"以学生为中心"大学教学法系列研究之一［J］. 大学教育科学，2022（01）：35–43.

［41］耿益群. 美国研究型大学跨学科研究中心与大学创新力的发展——基于制度创新视角的分析［J］. 比较教育研究，2008（09）：24–28.

［42］龚波. 试论大学组织文化与大学教师发展的共生机制［J］. 当代教育论坛，2003（07）：67–68.

［43］龚春芬，李志峰. 学术职业专业化视角下大学教师发展制度的缺失与构建［J］. 教育发展研究，2008（Z4）：54–56.

［44］顾建民，薛媛. 美国研究型大学的国际化战略——基于战略规划的内容分析［J］. 高等教育研究，2017，38（07）：95–101.

［45］郭卉，姚源．研究型大学教师教学与科研工作关系十年变迁——基于CAP和APIKS调查［J］．中国高教研究，2020（02）：77-84.

［46］郭卉，朱康宁，闫晨晨．从"教学学术"到"教育研究"：美国工程教育学科形成的历史考察［J］．高等工程教育研究，2021（03）：181-189.

［47］郝文武．现代中国教育本质观的合理性建构［J］．高等教育研究，2022，43（01）：1-9.

［48］何茜．综合大学教师教育发展的现实问题与路径选择［J］．教育研究，2013，34（11）：129-134.

［49］贺国庆．美国研究型大学本科教育的百年变迁与省思［J］．教育研究，2016，37（09）：106-115.

［50］胡锋吉．高校教师教学发展中心建设的理论思考与策略设计［J］．中国大学教学，2013（03）：73-74+61.

［51］黄福涛．从自由教育到通识教育——历史与比较的视角［J］．复旦教育论坛，2006（04）：19-24+43.

［52］黄洁．澳大利亚不同层面大学教师发展机构组织结构研究［J］．教育与考试，2013（03）：83-88.

［53］黄明东．北美地区高校教师发展状况探析［J］．高等教育研究，2008（06）：63-69.

［54］黄睿彦．以教学中心为依托，推进高校教师发展——基于哈佛大学的经验［J］．比较教育研究，2012，34（09）：39-43.

［55］黄亚婷．新公共管理改革中的英国学术职业变革［J］．高等教育研究，2013，34（05）：95-102.

［56］霍秉坤，徐慧璇，黄显华．大学教师教学学术的成长阶段及发展策略［J］．清华大学教育研究，2013，34（04）：56-63.

［57］贾永堂，余丽．新世纪以来我国顶级大学快速崛起现象分析——基于后发展视角的探讨［J］．高等工程教育研究，2020（05）：101-109.

［58］贾永堂，张瑜珊．我国政府治理弱势高校的逻辑预设与政策取向分析［J］．高等教育研究，2019，40（09）：30-39.

［59］贾永堂.大学教师考评制度对教师角色行为的影响［J］.高等教育研究，2012，33（12）：57-62.

［60］贾永堂.坚守还是弱化终身教职制度——美国高校教师聘任制改革动向［J］.高等教育研究，2008，29（12）：89-95.

［61］柯佑祥，李洁.推进民办高等教育的繁荣与振兴——华中科技大学教育科学研究院的民办高等教育研究［J］.高等教育研究，2010，31（09）：88-94.

［62］柯佑祥，李进生.高等教育外部提供的价值及其实现［J］.高等教育研究，2014，35（05）：30-35.

［63］柯佑祥，薛子帅.我国民办高校发展定位现状的调查分析［J］.高等教育研究，2012，33（10）：51-56.

［64］柯佑祥，张紫薇.大学本土留学非经济收益与风险的调查分析［J］.高等教育研究，2015，36（05）：55-62.

［65］柯佑祥.高等教育发展的国家特色审视［J］.苏州大学学报（教育科学版），2014，2（01）：20-24.

［66］柯佑祥.理性主义、功利主义对现代高等教育发展的影响［J］.高等教育研究，2008（03）：13-18.

［67］蓝江桥.比较视野下推进军队院校战略管理的思考［J］.高等教育研究学报，2014，37（04）：3+5-8.

［68］蓝劲松.美国研究型大学校长之学术背景——对23所美国著名高校校长教育背景与工作背景的分析［J］.中国高教研究，2004（12）：45-51.

［69］李碧虹，罗成，舒俊.学术职业国际化：基于教师发展的视域［J］.开放教育研究，2015，21（04）：64-67.

［70］李桂荣.大学组织变革成本分析［J］.教育研究，2006（02）：33-40.

［71］李红惠.教师教学发展中心组织的建设趋势研究——以30个国家级教师教学发展大学教师发展示范中心的陈述稿为分析样本［J］.复旦教育论坛，2013，11（01）：29-33.

［72］李红卫.我国高校教师教学发展中心运行模式的思考［J］.大学

（学术版），2013（08）：33-38.

　　［73］李继秀.教师发展与学校组织变革创新［J］.教育研究，2008（03）：79-83.

　　［74］李太平，刘瑞娜.教育研究主体的发展历程及其反思［J］.教育研究与实验，2019（02）：30-33.

　　［75］李太平，马秀春.走向"实践"关怀：教育类研究生培养的理想选择［J］.高等教育研究，2019，40（02）：55-60.

　　［76］李太平，张怀英.高校行政化内涵辨析［J］.高教发展与评估，2021，37（01）：20-28+113-114.

　　［77］李文.日本大学教师发展组织的理念与实践——以日本教学发展协会（JAED）为例［J］.集美大学学报（教育科学版），2016，17（03）：6-9.

　　［78］李文兵.中美高校教师发展运动的比较与启示［J］.中国石油大学学报（社科版），2017，33（06）：86-91.

　　［79］李小平.大学科研的本质特征及其育人意蕴［J］.高等教育研究，2019，40（05）：70-75.

　　［80］李小平.高等教育发展中的占有与体验——后大众化时代我国高等教育的困境及其超越［J］.高等教育研究，2017，38（02）：14-19.

　　［81］李小平.论军事教育的哲学思维［J］.高等教育研究学报，2020，43（02）：5-11+34.

　　［82］李秀美，刘玉静，袁娜.教学学术视角下的大学教师专业发展研究［J］.中国高等教育，2012（01）：35-36.

　　［83］李昱，曹友德.国内外教师（教学）发展中心的对比研究［J］.基础医学教育，2013，15（05）：540-542.

　　［84］李志峰.高校学术职业分层制度的变迁逻辑［J］.清华大学教育研究，2012，33（04）：110-116+124.

　　［85］廖志琼.自主发展与组织培养：高校青年教师发展的路径选择［J］.江苏高教，2016（02）：90-92.

　　［86］林岗.诺斯与马克思：关于制度变迁道路理论的阐释［J］.中国社

会科学，2001（01）：55-69+206.

[87] 林杰.哈佛大学博克教学和学习中心——美国大学教师发展机构的标杆[J].清华大学教育研究，2011，32（02）：34-39.

[88] 林杰.美国大学教师发展的组织化历程及机构[J].清华大学教育研究，2010，31（02）：49-56.

[89] 蔺亚琼，覃嘉玲.学科分类与跨学科发展：基于院系组织的分析[J].高等工程教育研究，2019（03）：102-109.

[90] 刘海峰."双一流"建设的继承、创新与推进[J].高等教育研究，2021，42（01）：1-7.

[91] 刘惊铎.生态体验德育的实践形态[J].教育研究，2010，31（12）：90-93.

[92] 刘惊铎.生态体验德育模式的实践魅力[J].思想理论教育，2010（02）：8-11.

[93] 刘献君.高校教师聘任的制度设计——基于学术职业管理的研究[J].高等教育研究，2008（10）：34-38.

[94] 刘献君.交往的教育意蕴[J].高等教育研究，2021，42（04）：15-20.

[95] 刘献君.学科交叉是建设世界一流学科的重要途径[J].高校教育管理，2020，14（01）：1-7+28.

[96] 刘在洲，李小平.大学科研育人的发生学分析[J].现代大学教育，2020，36（05）：1-7+110.

[97] 刘之远.美国大学教师发展组织专业化建设：困境、破解及借鉴[J].外国教育研究，2017，44（03）：93-103.

[98] 刘之远.治理视角下的美国研究型大学教师发展组织变革：路径与借鉴[J].现代教育管理，2018（03）：58-63.

[99] 留岚兰.浙江大学教师教学发展中心的实践与探索[J].科教导刊，2013（17）：61-62.

[100] 卢晓中，张玥.高等教育大众化背景下大学教师专业发展一体化

简论［J］.现代大学教育，2007（04）：1-5+110.

［101］吕林海，龚放.中美一流大学本科生"专业课程深度学习"及其影响机制的比较研究［J］.江苏高教，2021（01）：78-88.

［102］吕林海.大学教学学术的机制及其教师发展意蕴［J］.高等教育研究，2009，30（08）：83-88.

［103］吕文晶，陈劲，汪欢吉.组织间依赖研究述评与展望［J］.外国经济与管理，2017，39（02）：72-85.

［104］马莉萍，周姝.美国研究型大学本科教育改革举措及其成效评估——以斯坦福大学为例［J］.教育科学，2016，32（03）：94-96.

［105］马培培，范冬清.中美精英大学教师教学发展组织的比较研究［J］.中国高教研究，2017（09）：43-47.

［106］马知恩.西安交通大学教师教学发展中心工作取得初步进展［J］.中国大学教学，2012（06）：94-96.

［107］明轩.《世界高等教育宣言》概要［J］.教育发展研究，1999（03）：84-85.

［108］牛奉高，王菲菲，邱均平.中国高等教育评价研究的主题及其演变分析［J］.重庆大学学报（社会科学版），2013，19（01）：104-110.

［109］潘旦.人工智能和高等教育的融合发展：变革与引领［J］，高等教育研究，2021，42（02）：40-46.

［110］潘懋元，罗丹.高校教师发展简论［J］.中国大学教学，2007（01）：5-8.

［111］潘懋元.大学教师发展论纲——理念、内涵、方式、组织、动力［J］.高等教育研究，2017，38（01）：62-65.

［112］潘懋元.大学教师发展与教育质量提升——在第四届高等教育质量国际学术研讨会上的发言［J］.深圳大学学报（人文社会科学版），2007（01）：23-26.

［113］庞海芍，朱亚祥，周溪亭.教师发展中心如何才能告别边缘化［J］.高教发展与评估，2018，34（06）：91-97+114.

［114］庞海芍.大学教师发展中心的功能与运行机制研究［J］.国家教育行政学院学报，2012（08）：60-65+33.

［115］庞颖，吴锦程.中美高校主要教师发展中心使命文本的比较［J］.继续教育研究，2015（10）：124-128.

［116］漆艳春.地方高校教师教学发展中心建设初探［J］.文教资料，2012（35）：158-159.

［117］钱国英，崔彦群.评价与培训相结合建立教师队伍良性发展机制［J］.中国大学教学，2012（02）：66-68.

［118］钱小龙，汪霞.美国研究型大学开放教育资源的社会化管理——基于大学文化社会性的分析［J］.电化教育研究，2015，36（03）：114-120.

［119］乔连全，吴薇.大学教师发展与高等教育质量——第四次高等教育质量国际学术研讨会综述［J］.高等教育研究，2006（11）：106-109.

［120］秦慧民，王名扬.我国高等教育评估制度演变的社会基础与制度逻辑——基于历史制度主义的分析［J］.中国高教研究，2015（10）：1-6+21.

［121］邱学青，李正.基于知识管理视角的高校教师专业发展策略研究［J］.高等工程教育研究，2013（06）：81-85.

［122］沈红.论学术职业的独特性［J］.北京大学教育评论，2011，9（03）：18-28+188.

［123］沈红.中国大学教师发展状况——基于"2014中国大学教师调查"的分析［J］.高等教育研究，2016，37（02）：37-46.

［124］沈文淮，谢幼如，柯清超等.高校教师教学发展中心促进教师教学能力发展的机制与模式［J］.中国电化教育，2012（12）：66-70.

［125］石磊，邬志辉."学习型组织"视阈下高校教师发展新路径探析［J］.东北师大学报（哲社版），2015（04）：230-233.

［126］时伟.大学教师专业发展模式探析——基于大学教学学术性的视角［J］.教育研究，2008（07）：81-84.

［127］史静寰，李一飞，许甜.高校教师学术职业分化中的生师互动模式研究［J］.教育研究，2012，33（08）：47-55.

［128］孙惠敏. 新建本科院校教师发展机构的建设思路——基于比较的视角［J］. 高等教育研究，2012，33（07）：74-78.

［129］孙钰华. 高校教师教学能力研究的回顾与反思［J］. 中国大学教学，2009（08）：58-64.

［130］孙元涛，赵明阁. 教师专业发展学校：探索、经验与启示［J］. 教师教育研究，2004（01）：77-80.

［131］唐亚厉. 中美高校新教师入职培训比较研究［J］. 继续教育研究，2008（04）：83-84.

［132］万林艳，田真，温志明. 基于学习型组织理论的高校青年教师发展研究［J］. 北京航空航天大学学报（社会科学版），2012，25（04）：113-116.

［133］汪霞，崔军. 本科教学质量保障：大学教学发展中心的建设［J］. 江苏高教，2013（01）：34-37.

［134］汪霞，崔军. 高校教师教学发展的理论基础与促进策略［J］. 中国高教研究，2015（11）：37-91.

［135］王春玲，高益民. 美国高校教师发展的兴起及组织化［J］. 比较教育研究，2006（09）：56-61+87.

［136］王坤庆. 浅谈大学教师专业发展［J］. 中国高等教育，2011（20）：51-52.

［137］王向东. 基于多问题学习的慕课体系及其潜在优势［J］. 中国大学教学，2020（09）：43-46.

［138］王昕红. 20世纪80年代后我国大学教师发展政策研究［J］. 教师教育研究，2007（01）：41-44+26.

［139］王中向. 我国高校教师发展的新探索——以教师教学发展中心为例［J］. 湛江师范学院学报，2012，33（02）：5-9.

［140］赵文华，周巧玲. 大学战略规划中使命与愿景的内涵与价值［J］. 教育发展研究，2006（13）：61-64.

［141］邬大光. 大学的"引领"［J］. 高等理科教育，2021（06）：3.

［142］邬大光.大学分化的复杂性及其价值［J］.教育研究，2010，31（12）：17-23+43.

［143］邬大光.教学文化：大学教师发展的根基［J］.中国高等教育，2013（08）：34-36.

［144］邬大光.论我国高等教育学体系的特殊性［J］.厦门大学学报（哲学社会科学版），2020（05）：18-25.

［145］邬大光.探索高等教育普及化的"大国道路"［J］.中国高教研究，2021（02）：4-9.

［146］吴凡，李小娃.我国大学教师发展的理念转变与组织建设的路径［J］.大学教育科学，2015（04）：59-63.

［147］吴洪富.高校教师教学发展中心的实践课题［J］.高等教育研究，2014，35（03）：45-53.

［148］吴立保，张永宏.超越教师发展：范式转换与教学发展中心的建构［J］.比较教育研究，2014，36（05）：77-83.

［149］吴立保.学习范式下的教师发展：理论模式与组织建设［J］.教育研究，2017，38（04）：103-111.

［150］吴薇，朱乐平.澳大利亚八校联盟教师发展中心使命研究［J］.江苏高教，2016（02）：12-16.

［151］吴小懿.高职院校教师教学发展中心的定位研究［J］.湖州职业技术学院学报，2014，12（01）：42-46.

［152］武建鑫.超越概念隐喻的学科生态系统研究——兼论世界一流学科的生存机理［J］.学位与研究生教育，2017（09）：8-13.

［153］武建鑫.世界一流学科的政策指向、核心特质与建设方式［J］.中国高教研究，2019（02）：27-33.

［154］武建鑫.学科生态系统：从理论到方法的可能——兼论世界一流学科的成长机理［J］.中国高教研究，2020（02）：16-22.

［155］徐延宇，陈海莉.大学教师发展组织功能定位与运行机制研究——基于对30所国家级教师教学发展大学教师发展示范中心的分析［J］.

黑龙江教育（高教研究与评估），2014（06）：63-65.

［156］徐延宇. 美国高校教师发展浅析——以密歇根大学学习和教学研究中心为案例［J］. 比较教育研究，2011，33（11）：81-85.

［157］阎光才. 高等教育改革顶层设计的逻辑［J］. 中国高教研究，2014（01）：5-8+13.

［158］阎光才. 象牙塔背后的阴影——高校教师职业压力及其对学术活力影响述评［J］. 高等教育研究，2018，39（04）：48-58.

［159］杨善江. 高职院校教师专业发展的阶段特征及模式选择［J］. 中国职业技术教育，2013（18）：87-91+95.

［160］余东升，袁东恒，袁景蒂. 中国工程教育研究如何走向制度化发展——基于国际比较的视角［J］. 高等工程教育研究，2021（03）：173-180.

［161］余东升. 咨询研究：推动中国院校研究从高校管理边缘走向中心［J］. 高等教育研究，2020，41（09）：55-59.

［162］翟童. 中国建立大学教师发展中心的原因探析［J］. 学园，2014（18）：31.

［163］张昊，张德良. 大学教师课程与教学发展的理论模型［J］. 教育评论，2014（07）：51-53.

［164］张俊超，刘献君. 优秀高校教师成长与发展的规律性特征探究［J］. 高等教育研究，2014，35（08）：68-76.

［165］张俊超，鲁梦琪. 我国高校数据文化的现状与培育——兼论院校研究的作用［J］. 高等教育研究，2020，41（12）：40-47.

［166］张连红，陈德良，王丽萍. 高校教学文化建设与教师教学发展［J］. 中国高等教育，2014（08）：47-49.

［167］张银霞. 新管理主义背景下西方学术职业群体的困境［J］. 高等教育研究，2012，33（04）：105-109.

［168］张应强. 从我国大学评价的特殊性看高等教育评价改革的基本方向［J］. 江苏高教，2021（02）：1-8.

［169］张应强. 高等教育质量民间立场与高等教育体系建设［J］. 江苏教

育，2021（11）：1-11.

［170］张应强. 教育内外部关系规律及其在高等教育研究中的运用［J］. 复旦教育论坛，2020，18（05）：5-11.

［171］张应强. 我国高等教育改革的反思和再出发［J］. 深圳大学学报（人文社科版），2016，33（01）：140-155.

［172］张应强. 综合治理大学评估排名市场，营造"双一流"建设良好环境［J］. 高等理科教育，2020（01）：5-7.

［173］赵健. 基于知识创新的学校组织发展——兼论学习共同体与学习型组织的异同［J］. 全球教育展望，2007（02）：72-78.

［174］赵炬明，高筱卉. 赋能教师：大学教学学术与教师发展——美国"以学生为中心"本科教学改革之七［J］. 高等工程教育研究，2020（03）：17-36+42.

［175］赵炬明，高筱卉. 关注学习效果：建设全校统一的教学质量保障体系——美国"以学生为中心"本科教学改革之五［J］. 高等工程教育研究，2019（03）：5-20.

［176］赵炬明，高筱卉. 聚焦设计：实践与方法（上）——美国"以学生为中心"本科教学改革之三［J］. 高等工程教育研究，2018（02）：30-44.

［177］赵炬明，高筱卉. 聚焦设计：实践与方法（下）——美国"以学生为中心"本科教学改革之三［J］. 高等工程教育研究，2018（03）：29-44.

［178］赵炬明，李蕾. 如何做好大学教学学术研究：一个案例分析［J］. 高等教育研究，2021，42（09）：62-70.

［179］赵炬明. 打开黑箱：学习与发展的科学基础（上）——美国"以学生为中心"本科教学改革之二［J］. 高等工程教育研究，2017（03）：31-52.

［180］赵炬明. 打开黑箱：学习与发展的科学基础（下）——美国"以学生为中心"本科教学改革之二［J］. 高等工程教育研究，2017（04）：30-46.

［181］赵炬明. 关注学习效果：美国大学课程教学评价方法述评——美国"以学生为中心"本科教学改革之六［J］. 高等工程教育研究，2019（06）：9-23.

［182］赵炬明. 领导改革：SC改革的组织与管理——美国"以学生为中心"本科教学改革之九［J］. 高等工程教育研究，2021（04）：8-22.

［183］赵炬明. 论新三中心：概念与历史——美国SC本科教学改革研究之一［J］. 高等工程教育研究，2016（03）：35-56.

［184］赵炬明. 美国大学教师管理研究（上）［J］. 高等工程教育研究，2011（05）：59-71.

［185］赵炬明. 美国大学教师管理研究（下）［J］. 高等工程教育研究，2011（06）：68-83+115.

［186］赵炬明. 失衡的天平：大学教师评价中"重研究轻教学"问题的制度研究——美国"以学生为中心"本科教学改革之八［J］. 高等工程教育研究，2020（06）：6-27+44.

［187］赵炬明. 助力学习：学习环境与教育技术——美国"以学生为中心"本科教学改革之四［J］. 高等工程教育研究，2019（02）：7-25.

［188］郑可春. 美国大学教师发展：理念嬗变与发展前景——基于多元文化价值取向视角［J］. 高校教育管理，2016，10（06）：107-112.

［189］郑晓齐，王绽蕊. 试析美国研究型大学基层学术组织模式［J］. 高等教育研究，2007（12）：104-109.

［190］周纯玉，孙涛. 地方高校教师教学发展中心建设初探［J］. 兰州教育学院学报，2014，30（05）：49-50.

［191］周光礼，马海泉. 教学学术能力：大学教师发展与评价的新框架［J］. 教育研究，2013，34（08）：37-47.

［192］周光礼，袁晓萍. 聚焦"四个评价"深化教育评价机制改革［J］. 中国考试，2020（08）：1-5.

［193］朱继洲. 教育部国家级教师教学发展大学教师发展示范中心建设工作研讨会纪要［J］. 高等工程教育研究，2012（05）：102.

［194］朱继洲. 建设具有本校特色的教师教学发展中心［J］. 高等工程教育研究，2014（04）：89-93.

［195］朱新卓，陈晓云. 教师职业的特殊性与专业性［J］. 高等教育研

究，2012，33（08）：44-52.

［196］朱新卓，王欧. 教师的阶层文化与教育的文化再生产——西方学者论阶层文化对教育公平的影响［J］. 教育研究，2014，35（12）：133-142.

［197］朱新卓，严芮，刘寒月. 基于过程的教育质量及其评价［J］. 高等教育研究，2015，36（05）：78-85.

［198］朱新卓. 知识与生产——教育认识论新论［J］. 高等教育研究，2015，36（09）26-35.

［199］朱信号，宋文红. 我国台湾地区高校教学发展中心设立背景、现状、特征及启示［J］. 现代大学教育，2013（04）：49-56.

［200］朱正伟、袁侨英. 我国高校教师发展中心建设的思考［J］. 高等建筑教育，2014，23（01）：153-156.

**（三）学位论文**

［1］段冠琼. 我国30所国家级教师教学发展中心的组织变量分析［D］. 华中科技大学，2017.

［2］房立安. 中美大学教师发展中心运行机制比较研究［D］. 山东大学，2015.

［3］黄声豪. 美国大学教师专业发展的研究［D］. 厦门大学，2013.

［4］姜佳鑫. 美国一流大学教师发展中心组织架构与运行保障体系研究［D］. 吉林大学，2019.

［5］李逢庆. 信息时代大学教学支持服务体系发展研究［D］. 南京大学，2013.

［6］李玲玲. 美国斯坦福大学教学与学习中心研究［D］. 河北大学，2015.

［7］李若冰. 高校教师教学发展中心建设研究［D］. 广西师范大学，2014.

［8］欧艳华. 美国大学教师教学发展中心运行机制研究［D］. 西华师范大学，2017.

［9］王中奎. 美国大学教师发展中心研究［D］. 华东师范大学，2012.

［10］张帆. 高水平大学教师发展中心组织建设多案例比较研究［D］. 兰州大学，2017.

## 二、英文文献

### （一）专著

［1］Barnard，C. I. The Functions of the Executive［M］. Cambridge：Harvard University Press，1938.

［2］Bok，D. Our Underachieving College：A Candid Look at How Much Students Learn and Why They Should Be Learning More［M］. Princeton：Princeton University Press，2008.

［3］Bothe，T.W.，Henderson T. Evaluating the Return on Investment of Faculty Development. In C. Wehlburg，S. Chadwick Blossey（Eds），Improve the Academy：Resources for Faculty，Instructional，and Organizational Development，Vol.22［M］. Bolton：Anker，2004.

［4］Clark，B. R. Adult Education in Transtion［M］. New York：Arno Press Inc，1980.

［5］Clark，B. R. The Distinctive College［M］. New Jersey：Transaction Publishers，1992.

［6］Cook，C. E.，Kaplan，M. Advancing the Culture of Teaching on Campus：How a Teaching Center Can Make a Difference［M］：Sterling，Virginia：Stylus Publishing，2011.

［7］Hendrikson，R. M.，Lane，J. E.，Haris，J. T.，Doman，R. H.Academic Leadership and Governance of Higher Educaion［M］. Sterling：Stylus Publishing，2012.

［8］Hutchings，P. Ethics of Inquiry；Issues in the Scholarship of Teaching and Learning［M］. Menlo Park：The Carnegie Foundation for the Advancement of Teaching，2002.

［9］Jacobson，W. Reported Long- Term Value and Effects of Teaching Center Consultations. In L. B. Nilson，J. E. Miller（Eds.），To Improve the Academy：Resources for Faculty，Instructional，and Organizational

Development [M]. San Francisco: Jossey-Bass, 2009.

[10] Jerry G. Gaff. New Life for the College Curriculum: Assessing Achievements and Furthering Progress in the Reform of General Education [M]. San Francisco: Jossey-Bass Inc, 1991.

[11] Kerr, c. Foreword in James A. Perkins (ed.) The University as an Organization [M]. New York: McGraw Hill Book Company, 1973.

[12] Kuhlenschmidt, S. Issues in Technology and Faculty Development. InK. J. Gillespie, D. L Robertson & Associates (Eds), A Guide to Faculty Development (2$^{nd}$ed) [M]. San Francisco: Jossey-Bass, 2010.

[13] Scott, W. R. Institutions and Organizations Ideas and Interests (3rd ed) [M]. Los Angeles: SAGE Publications, 2007.

[14] Singer, S. R. Learning and Teaching Centers: Hubs of Educational Reform. In Technology, Engineering, and Mathematics: New Directions for Higher Education by Narum Jeanne L. and Conover, Kate [M]. San Francisco: Jossey-Bass, 2002.

[15] Wright, D. L. Faculty Development Centers in Research University: A Study of Resources and Programs. In M. Kaplan, D. Lieberman (Eds), To Improve the Academy: Resources for Faculty, Instructional, and Organizational Development, Vol. 18 [M]. Bolton: Anker, 2000.

（二）期刊

[1] Argyris C. Theories of Action that Inhibit Individual Learning [J]. PUB TYPE, 1976 (02): 12-16.

[2] Austin A. E. Sorcinelli M. D. The Future of Faculty Development: Where are We Going? [J]. New Directions for Teaching and Learning, 2013 (133): 71-75.

[3] Baker S, Pomerantz N. Impact of Learning Communities on Retention at a Metropolitan University [J]. Journal of College Student Retention, 2000 (2): 35-38.

［4］Barker A. Faculty Development for Teaching Online：Educational and Technological Issues［J］. The Journal of Continuing Education in Nursing，2003（6）：42–46.

［5］Bath D.，Smith C. Academic Developers：An Academic Tribe Claiming Their Territory in Higher Education［J］. International Journal for Academic Development，2004（1）：32–36.

［6］Bergquist W. H.，Phillips，S. R. Components of an Effective Faculty Development Program［J］. The Journal of Higher Education，1975（2）：21–27.

［7］Bland C.，Schmitz C.，Faculty Vitality on Review：Retrospect and Prospect［J］. The Journal of Higher Education，1988（2）：113–116.

［8］Garry D. Carnegie，Jacqueline Tuck. Understanding the ABC of University Governance［J］. The Australian Journal of Public Administration，2010（5）：62–68.

［9］Gayle，Dennis John. Governance in the Twenty–first–century University［J］. San Francisco：Wiley Periodicals，2003（7）：32–35.

［10］Herman，J. H.，Staffing of Teaching and Learning Centers in the United States：Indicators of Institutional Support for Faculty Development［J］. Journal of Faculty Development，2013（02）：77–79.

［11］Hess，Frederick，Robert Maranto & Scott Milliman. Small Districts in Big Trouble：How Four Arizona School Systems Responded to Charter Competition［J］. Teachers College Record，2001（6）：3–7.

［12］Holsinger D. B.，Jacob W. J.（eds.）. Inequality in Education：Comparative and International Perspectives［J］. Comparative Education Research Centre 2009（12）：75–78.

［13］Howlett，Michael and Ramesh M. Studying Public Policy：Policy Cycles and Policy Subsystems［M］. Oxford：Oxford University Press，1995（6）：43–49.

［14］Hysing. From Government to Governance：A Comparison of

Environmental Governing in Swedish Forestry and Transport［J］, Governance: An International Journal of Policy, Administration and Institutions, 2009（22）: 4-10.

［15］John Harrison, Ivan Turok. Universities, Knowledge and Regional Development［J］. Regional Studies, 2017（07）: 10-14

［16］Krammer. Drivers of National Innovative Systems in Transition［J］. Research Policy, 2001（08）: 7-11.

［17］Muresan Mihaela. Intercultural Sensitivity——Driver of the Global Knowledge Economy［J］. Education and Development, 2010（01）: 22-26.

［18］Sheldon Hackney. The University and Its Community: Past and Present［J］. The Annals of the American Academy of Political and Social Science, 1986（11）: 35-39.

# 附录1  关于我国大学教师发展中心组织变革的问卷调查

尊敬的各位老师：

您好！感谢您参与填写问卷，本问卷旨在了解贵校教师发展中心的组织变革情况。请您匿名填写，仔细作答，不漏一题，问卷耗时约20分钟，答案无对错之分，内容完全保密，所得信息仅供课题研究参考，感谢您的支持！

**一、基本信息**

1. 您的性别：男（      ）、女（      ）

2. 您的学历：博士研究生（      ）、硕士研究生（      ）、本科及以下（      ）

3. 您的职称和职务：高职（      ）、中职以下（      ）、科级以上（      ）、科级以下（      ）

4. 您的工作年限：（      ）年

5. 您所在的学校类型或区域："985工程"或"211工程"院校（      ）、东（      ）中（      ）西（      ）

**二、组织变革现状调查**

说明：请根据您的实际想法和您对每句陈述的认可程度，在相应数值上打√，数值和程度大小呈正相关，每个数值分别代表下列意义：⑤ 非常同意  ④ 同意  ③ 不确定/不好说  ② 不同意  ① 非常不同意

6. 您经常参加在职培训或进修。⑤④③②①

7. 您对自己目前的职业发展状态感到满意。⑤④③②①

8. 您目前工作处于积极主动状态。⑤④③②①

9. 您愿意投入大量时间在进修或在职培训上。⑤④③②①

10. 您对自己专业发展的目标或者规划很明确。⑤④③②①

11. 您对本校教师发展中心的团队精神满意。⑤④③②①

12. 您觉得自己的教学工作量偏多。⑤④③②①

13. 您觉得自己的科研工作量偏多。⑤④③②①

14. 您认为做科研和教学是相对独立，甚至是矛盾的。⑤④③②①

15. 您相信，通过参加学术沙龙或教师工作坊等活动，教学研究能力会得到提高。⑤④③②①

16. 您的工作任务和培训任务发生时间冲突，您会选择暂时搁置培训任务。⑤④③②①

17. 您对本校教师发展中心的发展战略了解。⑤④③②①

18. 您认同本校教师发展中心的组织文化。⑤④③②①

19. 您认为本校教师参与大学教师发展中心活动的积极性普遍较高。⑤④③②①

20. 您了解本校教师发展中心的组织结构。⑤④③②①

21. 您渴望与同事分享、交流教学或科研方面的收获和困难。⑤④③②①

22. 您认为本校教师发展中心的管理制度健全，对于目标的达成有周详的计划。⑤④③②①

23. 您认为本校教师发展中心授予您的权利与职责十分匹配，您十分明确自己在该组织中的工作职责与工作权利。⑤④③②①

24. 您觉得本校教师发展中心的职责明确，组织结构灵活，可以接受新的挑战。⑤④③②①

25. 在您工作需要相关部门协助时，相关部门十分配合，本校教师发展中心组织十分注重部门间交流。⑤④③②①

26. 您认为大学教师发展中心的职能是否与其他职能部门的工作存在交叉重叠。⑤④③②①

27. 本校教师发展中心的职能部门能很好地服务于您所在的业务部门。⑤④③②①

28. 在学术沙龙或学习共同体组织中，您更倾向于扁平化结构组织结构。⑤④③②①

29. 您对本校学术沙龙或工作坊的总体运行情况感到满意。⑤④③②①

30. 您认为本校教师发展中心员工为了追求工作绩效，大家的表现都兢兢业业，日常工作开展得井然有序。⑤④③②①

三、多选题

31. 您认可的专业发展途径：（　　　）

A. 岗前培训　B. 攻读学位　C. 业务培训　D. 定期学术沙龙

E. 考察学习　F. 科研课题

32. 您认为作为一名高校教师，自己最欠缺的两项能力或素质是：（　　　）

A. 专业实践能力　B. 专业理论能力　C. 师德　D. 教育与教学方法

E. 参与科研的能力与热情

33. 您认为自己在知识结构上的最大问题是：（　　　）

A. 知识面窄

B. 对教育学和心理学相关的知识掌握还不足

C. 所学专业与所教课程不一致

D. 对执教学科最新进展并不能非常好的掌握

34. 您在专业发展过程中遇到的困难是：（　　　）

A. 日常教学工作繁忙　B. 激励机制不完善　C. 学校条件的局限

D. 培训课程设置不合理　E. 师资力量较薄弱

35. 您认为提高教育教学能力最有效的途径是：（　　　）

A. 在实际工作中锻炼

B. 学习其他老师的教学经验

C. 参加教学科研活动

D. 增加培训机会

### 四、主观题

1. 贵校教师发展中心定期组织且经常开展大学教师教育/大学教师发展/大学课程建设相关的研究吗？贵校教师发展中心经常开展对外交流与服务，带动区域大学教师教学科研的共同发展吗？

2.现阶段，贵校教师发展中心的组织结构是否有利于工作的开展，您有什么建议？

3.为了提升各部门的工作效率，您对于贵校教师发展中心的组织结构有什么建议？

再次感谢您抽出宝贵时间填写问卷，祝您工作顺利！心想事成！

# 附录2　访谈提纲及访谈材料汇总表

1. 贵校具有大学教师发展中心职能类似的组织机构吗？若有，成立于哪一年？

2. 贵校大学教师发展中心的职能定位是什么？

3. 贵校大学教师发展中心的组织性质是什么？属于行政机构性质、学术机构性质或者混合行政与学术机构性质？

4. 贵校大学教师发展中心的主要职能包括哪些？开展教学咨询服务、区域内管理人员培训等活动的情况如何？

5. 贵校大学教师发展中心的示范、辐射、引领作用如何？

6. 贵校大学教师发展中心的组织文化或战略使命是什么？

7. 贵校大学教师发展中心的组织结构或隶属关系如何？

8. 贵校大学教师发展中心的工作项目有哪些？教学研讨会、教学咨询、教学观摩、开发课程、校本培训、数字资源、教学培训、微格教学等方面情况如何？

### 访谈材料汇总表

| 资料编号 | 访谈编号 | 性别 | 职务/职称 | 访谈类型 | 时间 | 访谈资料代码 |
|---|---|---|---|---|---|---|
| 1 | A01 | 女 | 大学教师发展中心主任/教授 | 面访 | 2019-06-20 9：40-11：00 | FZ20190620 |
| 2 | B01 | 男 | 大学教师发展中心工作人员/讲师 | 面访 | 2019-07-02 9：40-10：30 | FZ20190702 |

续表

| 资料编号 | 访谈编号 | 性别 | 职务/职称 | 访谈类型 | 时间 | 访谈资料代码 |
|---|---|---|---|---|---|---|
| 3 | C01 | 女 | 大学教师发展中心副主任/副教授 | 面谈 | 2019-07-12 9：40-11：00 | FC20190712gzzd |
| 4 | A02 | 男 | 大学教师发展中心工作人员/助教 | 面访 | 2019-06-20 15：00-15：40 | FY20190620 |
| 5 | B02 | 女 | 大学教师/讲师 | 面谈 | 2019-07-02 9：40-10：30 | FL20190702 |
| 6 | C02 | 女 | 大学教师/讲师 | 面谈 | 2019-09-10 14：40-15：30 | FW20190910 |
| 7 | E01 | 女 | 大学教师/讲师 | 面谈 | 2019-10-15 15：00-16：00 | FP20191015 |
| 8 | E02 | 女 | 大学教师/助教 | 面谈 | 2019-10-15 16：10-17：30 | FW20191015 |
| 9 | D01 | 女 | 大学教师/讲师 | 面谈 | 2019-10-18 14：40-15：30 | FS20191018 |
| 10 | D02 | 男 | 大学教师/讲师 | 面谈 | 2019-11-02 14：40-15：30 | FY20191102 |
| 11 | D03 | 女 | 大学教师发展中心工作人员/讲师 | 面谈 | 2019-11-02 15：40-16：30 | FX20191102 |
| 12 | S01 | 男 | 大学教师发展中心工作人员/副教授 | 线上 | 2020-05-26 10：40-11：30 | FS20200526 |
| 13 | H01 | 女 | 大学教师发展中心工作人员/讲师 | 线上 | 2020-05-28 10：00-11：00 | FH20200528 |

续表

| 资料编号 | 访谈编号 | 性别 | 职务/职称 | 访谈类型 | 时间 | 访谈资料代码 |
|---|---|---|---|---|---|---|
| 14 | H02 | 女 | 大学教师发展中心工作人员/讲师 | 线上 | 2020-07-10 8：30-9：30 | FK20200710 |
| 15 | W01 | 男 | 大学教师发展中心工作人员/副教授 | 线上 | 2020-07-15 15：00-16：00 | WD20200715 |
| 16 | S02 | 男 | 大学教师发展中心/副教授 | 线上 | 2021-04-12 10：40-11：30 | FL20210412 |
| 17 | H01 | 女 | 大学教师发展中心工作人员/讲师 | 线上 | 2021-04-28 9：00-10：00 | FZ20210428 |

# 附录3 高等学校申报国家级教师教学发展示范中心情况汇总表

| 序号 | 院校名称 | 教师发展中心名称 | 成立时间 | 院校隶属 | 所在省市 | 类型 | 地区 |
|---|---|---|---|---|---|---|---|
| 1 | 中国人民大学 | 教师教学发展中心 | 201106 | 教育部 | 北京 | "985工程"高校 | 东 |
| 2 | 清华大学 | 教学研究与培训中心 | 199809 | 教育部 | 北京 | "985工程"高校 | 东 |
| 3 | 北京交通大学 | 教师发展中心 | 200912 | 教育部 | 北京 | "211工程"高校 | 东 |
| 4 | 北京林业大学 | 教师促进中心 | 201111（200603） | 教育部 | 北京 | "211工程"高校 | 东 |
| 5 | 北京师范大学 | 教师发展中心 | 201202（200312） | 教育部 | 北京 | "985工程"高校 | 东 |
| 6 | 北京外国语大学 | 教师发展中心 | 201106（200803） | 教育部 | 北京 | "211工程"高校 | 东 |
| 7 | 中央财经大学 | 教师教学发展中心 | 201207（2006） | 教育部 | 北京 | "211工程"高校 | 东 |
| 8 | 对外经济贸易大学 | 教师教学发展中心 | 201112（200503） | 教育部 | 北京 | "211工程"高校 | 东 |
| 9 | 中国政法大学 | 教师发展中心 | 200512 | 教育部 | 北京 | "211工程"高校 | 东 |
| 10 | 南开大学 | 教师发展中心 | 201206（2003） | 教育部 | 天津 | "985工程"高校 | 东 |

续表

| 序号 | 院校名称 | 教师发展中心名称 | 成立时间 | 院校隶属 | 所在省市 | 类型 | 地区 |
|------|---------|-----------------|---------|---------|---------|------|------|
| 11 | 复旦大学 | 教师教学发展中心 | 201112 | 教育部 | 上海 | "985工程"高校 | 东 |
| 12 | 同济大学 | 教师教学发展中心 | 201106（200805） | 教育部 | 上海 | "985工程"高校 | 东 |
| 13 | 上海交通大学 | 教学发展中心 | 201104 | 教育部 | 上海 | "985工程"高校 | 东 |
| 14 | 华东师范大学 | 高等学校教师教学发展中心 | 201109（1986） | 教育部 | 上海 | "985工程"高校 | 东 |
| 15 | 上海外国语大学 | 教师发展中心 | 201204（2010） | 教育部 | 上海 | "211工程"高校 | 东 |
| 16 | 上海财经大学 | 教师教学（职业）发展中心 | 201005 | 教育部 | 上海 | "211工程"高校 | 东 |
| 17 | 重庆大学 | 教师教学发展中心 | 201207（201004） | 教育部 | 重庆 | "985工程"高校 | 西 |
| 18 | 西南大学 | 教师教学发展中心 | 201112（200910） | 教育部 | 重庆 | "211工程"高校 | 西 |
| 19 | 大连理工大学 | 教师教学发展中心 | 201109（200304） | 教育部 | 辽宁 | "985工程"高校 | 东 |
| 20 | 东北大学 | 教师发展中心 | 200904 | 教育部 | 辽宁 | "985工程"高校 | 东 |
| 21 | 吉林大学 | 教师教学发展中心 | 201109 | 教育部 | 吉林 | "985工程"高校 | 中 |
| 22 | 东北师范大学 | 教师教学发展中心 | 200912 | 教育部 | 吉林 | "211工程"高校 | 中 |
| 23 | 东北林业大学 | 教师教学发展中心 | 201203（200704） | 教育部 | 黑龙江 | "211工程"高校 | 中 |
| 24 | 山东大学 | 教学促进与教师发展中心 | 201112（200401） | 教育部 | 山东 | "985工程"高校 | 东 |

续表

| 序号 | 院校名称 | 教师发展中心名称 | 成立时间 | 院校隶属 | 所在省市 | 类型 | 地区 |
|---|---|---|---|---|---|---|---|
| 25 | 中国海洋大学 | 教学支持中心 | 200707 | 教育部 | 山东 | "985工程"高校 | 东 |
| 26 | 南京大学 | 教学发展中心 | 200912 | 教育部 | 江苏 | "985工程"高校 | 东 |
| 27 | 东南大学 | 教师教学发展中心 | 201111 | 教育部 | 江苏 | "985工程"高校 | 东 |
| 28 | 中国矿业大学 | 教师教学发展中心 | 200903 | 教育部 | 江苏 | "211工程"高校 | 东 |
| 29 | 江南大学 | 教师教学发展中心 | 201001 | 教育部 | 江苏 | "211工程"高校 | 东 |
| 30 | 中国药科大学 | 教师教学发展中心 | 201006 | 教育部 | 江苏 | "211工程"高校 | 东 |
| 31 | 合肥工业大学 | 教师发展中心 | 201103（201004） | 教育部 | 安徽 | "211工程"高校 | 中 |
| 32 | 浙江大学 | 教师教学发展中心 | 201009 | 教育部 | 浙江 | "985工程"高校 | 东 |
| 33 | 厦门大学 | 教师发展中心 | 201106 | 教育部 | 福建 | "985工程"高校 | 东 |
| 34 | 武汉大学 | 教师教学发展中心 | 201207（198603） | 教育部 | 湖北 | "985工程"高校 | 中 |
| 35 | 华中科技大学 | 教师教学发展中心 | 200801 | 教育部 | 湖北 | "985工程"高校 | 中 |
| 36 | 中国地质大学（武汉） | 教师发展促进中心 | 201003 | 教育部 | 湖北 | "211工程"高校 | 中 |
| 37 | 武汉理工大学 | 教师教学发展中心 | 201207 | 教育部 | 湖北 | "211工程"高校 | 中 |
| 38 | 华中农业大学 | 教师教学发展中心 | 201003 | 教育部 | 湖北 | "211工程"高校 | 中 |

| 序号 | 院校名称 | 教师发展中心名称 | 成立时间 | 院校隶属 | 所在省市 | 类型 | 地区 |
|---|---|---|---|---|---|---|---|
| 39 | 华中师范大学 | 教师教学发展中心 | 201111（201001） | 教育部 | 湖北 | "211工程"高校 | 中 |
| 40 | 湖南大学 | 教师发展中心 | 200912 | 教育部 | 湖南 | "985工程"高校 | 中 |
| 41 | 中南大学 | 教师教学发展中心 | 201012（200112） | 教育部 | 湖南 | "985工程"高校 | 中 |
| 42 | 华南理工大学 | 教师教学发展中心 | 201110 | 教育部 | 广东 | "985工程"高校 | 东 |
| 43 | 兰州大学 | 教师教学发展中心 | 201202 | 教育部 | 甘肃 | "985工程"高校 | 西 |
| 44 | 西安交通大学 | 教师教学发展中心 | 201107（200906） | 教育部 | 陕西 | "985工程"高校 | 西 |
| 45 | 西北农林科技大学 | 网络与教育技术中心 | 201004 | 教育部 | 陕西 | "985工程"高校 | 西 |
| 46 | 陕西师范大学 | 教师专业能力发展中心 | 200906 | 教育部 | 陕西 | "211工程"高校 | 西 |
| 47 | 四川大学 | 教师教学发展中心 | 201012 | 教育部 | 四川 | "985工程"高校 | 西 |
| 48 | 西南交通大学 | 教师发展中心 | 201111（200104） | 教育部 | 四川 | "211工程"高校 | 西 |
| 49 | 西南财经大学 | 教师教学发展中心 | 201106（200610） | 教育部 | 四川 | "211工程"高校 | 西 |
| 50 | 北京航空航天大学 | 教师培训中心 | 200607 | 工信部 | 北京 | "985工程"高校 | 东 |
| 51 | 北京理工大学 | 教学促进与教师发展中心 | 201102 | 工信部 | 北京 | "985工程"高校 | 东 |
| 52 | 哈尔滨工程大学 | 教学评估与教师发展中心 | 200911 | 工信部 | 黑龙江 | "211工程"高校 | 中 |
| 53 | 哈尔滨工业大学 | 教师教学发展中心 | 201205（200103） | 工信部 | 黑龙江 | "985工程"高校 | 中 |

续表

| 序号 | 院校名称 | 教师发展中心名称 | 成立时间 | 院校隶属 | 所在省市 | 类型 | 地区 |
|---|---|---|---|---|---|---|---|
| 54 | 南京航空航天大学 / 南京理工大学 | 教师教学协同发展中心 | 201109（200512） | 工信部 | 江苏 | "211工程"高校 | 东 |
| 55 | 西北工业大学 | 教师教学发展中心 | 201110（200907） | 工信部 | 陕西 | "985工程"高校 | 西 |
| 56 | 中南民族大学 | 教师教学发展中心 | 201004 | 国家民委 | 湖北 | | 中 |
| 57 | 西北民族大学 | 教师教学发展中心 | 201111 | 国家民委 | 甘肃 | | 西 |
| 58 | 西南民族大学 | 教师教学发展中心 | 200803 | 国家民委 | 四川 | | 西 |
| 59 | 中国人民公安大学 | 教师教学发展中心 | 201005 | 公安部 | 北京 | | 东 |
| 60 | 大连海事大学 | 教师教学发展中心 | 200912 | 交通部 | 辽宁 | "211工程"高校 | 东 |
| 61 | 中国民用航空飞行学院 | 教师教学发展中心 | 200801 | 交通部 | 四川 | | 西 |
| 62 | 中国民航大学 | 教师教学发展示范中心 | 200903（200207） | 中国民航局 | 天津 | | 东 |
| 63 | 中国科学技术大学 | 教学质量与师资培训办公室 | 200812 | 中国科学院 | 安徽 | "985工程"高校 | 中 |
| 64 | 华侨大学 | 教师教学发展中心 | 201003 | 国务院侨办 | 福建 | | 东 |
| 65 | 暨南大学 | 教师发展中心 | 201105（200110） | 国务院侨办 | 广东 | "211工程"高校 | 东 |
| 66 | 空军工程大学 | 教员教学能力培训中心 | 200806 | 总参谋部 | 北京 | | 东 |

续表

| 序号 | 院校名称 | 教师发展中心名称 | 成立时间 | 院校隶属 | 所在省市 | 类型 | 地区 |
|---|---|---|---|---|---|---|---|
| 67 | 国防科学技术大学 | 军事教育与教学评估研究室 | 200709 | 总参谋部 | 北京 | "985工程"高校 | 东 |

备注：1. 共有67个中心申报，其中教育部直属高校49所，其他部委所属高校18所；

2. 按地区分：东部39所，中部15所，西部13所；

3. 按层次分："985工程"高校33所，"211工程"高校26所，其他8所；

4. 33所"985工程"高校，其中教育部直属高校27所，其他部委所属高校6所；东部20所，中部7所，西部6所；

部属（49个）：北京9、天津1、辽宁2、上海6、江苏5、浙江1、福建1、山东2、广东1、吉林2、黑龙江1、安徽1、湖北6、湖南2、重庆2、四川3、陕西3、甘肃1；

其他部委所属（18个）：北京5、天津1、江苏1、福建1、广东1、黑龙江2、辽宁1、安徽1、湖北1、四川2、陕西1、甘肃1。

# 附录4 "十二五"国家级教师教学发展示范中心名单

## （教高司函〔2012〕171号文件附件）

1. 厦门大学教师发展中心

2. 重庆大学教师教学发展中心

3. 清华大学教学研究与培训中心

4. 北京大学教育发展研究中心

5. 复旦大学教师教学发展中心

6. 中国人民大学教师教学发展中心

7. 南京大学教学发展中心

8. 山东大学教学促进与教师发展中心

9. 浙江大学教师教学发展中心

10. 华东师范大学高校教师教学发展中心

11. 四川大学教师教学发展中心

12. 华中科技大学教师教学发展中心

13. 武汉大学教师教学发展中心

14. 哈尔滨工业大学教师教学发展中心

15. 上海交通大学教学发展中心

16. 吉林大学教师教学发展中心

17. 西安交通大学教师教学发展中心

18. 北京交通大学教师发展中心

19. 北京理工大学教学促进与教师发展中心

20. 西南财经大学教师教学发展中心

21. 陕西师范大学教师专业能力发展中心

22. 东南大学教师教学发展中心

23. 大连理工大学教师教学发展中心

24. 西南大学教师教学发展中心

25. 华南理工大学教师教学发展中心

26. 西南交通大学教师发展中心

27. 东北师范大学教师教学发展中心

28. 中国科学技术大学教学质量与师资培训办公室

29. 中南民族大学教师教学发展中心

30. 北京师范大学教师发展中心

# 附录5　××大学教师发展中心培训日程

主题：信息化教学创新与实践

地点：××大学，武汉

时间：2021年3月14—20日（第1期），3月21—27日（第2期）

| 时间 | | | 内容 |
|---|---|---|---|
| 周日 | | | 进驻××大学，开展班级建设 |
| 周一 | 8：30—9：00 | 开班活动 | 开训动员 |
| | 9：00—11：30 | 理论授课 | ××大学本科教育改革的实践与思考 |
| | 14：30—17：30 | 理论授课 | 现代教育教学理念与方法 |
| | 19：30—21：00 | 现地教学 | 参观国家数字化学习工程技术研究中心 |
| 周二 | 8：30—11：30 | 理论授课 | 信息化课堂教学设计与案例分享 |
| | 14：30—17：30 | 理论授课 | 微助教在课堂教学中的应用 |
| | 19：30—21：00 | 分组研讨 | 对承担课程开展信息技术改革的思考 |
| 周三 | 8：00—12：00 | 示范观摩 | 进入××一线课堂，进行课堂教学观摩和见习；与××一线骨干教师进行面对面教学研讨与交流 |
| | 14：30—17：30 | 现地教学 | 大学精神与文化传承（××大学校史馆） |
| | 19：30—21：00 | 座谈交流 | 分小组与××一线骨干教师进行教学实践交流与研讨，分享教学研究与创新成果，交流教学成长与发展经验 |

续表

| 时间 | | | 内容 |
|---|---|---|---|
| 周四 | 8：30—11：30 | 理论授课 | 基于数据分析驱动的教学效果评价与教学方案调整 |
| | 14：30—17：30 | 经验分享 | 教师教学能力提升的经验分享 |
| | 19：30—21：00 | 分组研讨 | 对承担课程打造一流课程的思考 |
| 周五 | 8：30—11：30 | 理论授课 | 国家级一流在线课程设计与建设案例及成功经验分享 |
| | 14：30—17：30 | 示范观摩 | 国家级青年教师教学竞赛成功经验分享及示范课 |
| 周六 | | 返程 | |

# 附录6　××大学教师发展中心培训日程

主题：高等教育变革与课堂教学改革

地点：××大学

时间：2021年4月11—17日

| 时间 | | | 内容 |
|---|---|---|---|
| 周日 | | | 进驻××大学，开展班级建设 |
| 周一 | 8：30—9：00 | 开班活动 | 开训动员 |
| | 9：00—12：00 | 理论授课 | 世界一流大学的本科教育与人才培养 |
| | 14：30—16：00 | 理论授课 | 双一流背景下高校学科建设与内涵发展 |
| | 16：30—17：30 | 现场教学 | 大学精神与文化传承（××大学校史馆、江姐纪念馆） |
| | 19：00—21：30 | 座谈交流 | ××大学通识教育核心课程建设沙龙 |
| 周二 | 8：30—11：30 | 理论授课 | 移动时代的高校教学变革 |
| | 14：30—17：30 | 理论授课 | 一流课程建设经验分享——《人力资源管理》 |
| | 19：30—21：00 | 分组研讨 | 对本专业本科人才创新培养的思考 |
| 周三 | 8：30—11：30 | 理论授课 | 以课堂教学改革为突破口——一流本科人才培养的川大实践 |
| | 14：30—17：30 | 示范观摩 | ××大学精品课堂教学观摩交流 |
| | 19：00—21：30 | 理论授课 | 一流本科专业课程思政的设计及案例分析 |

续表

| 时间 | | | 内容 |
|---|---|---|---|
| 周四 | 9：00—12：00 | 现场教学 | ××大学 探究式 小班化——智慧教室参观（××大学江安校区教学楼） |
| | 14：30—17：30 | 理论授课 | 全过程学业评价和非标准答案考试及案例分析 |
| | 19：30—21：00 | 分组研讨 | 对承担课程开展课程教学改革的思考 |
| 周五 | 8：30—11：30 | 理论授课 | 教师发展与教学水平提升 |
| | 14：30—17：30 | 现场教学 | 参观航空工业成都飞机工业（集团）有限责任公司 |
| 周六 | | 返程 | |

# 附录7　××大学教师发展中心培训日程

主题：学科发展与研究生创新培养

地点：××大学

时间：2021年5月9—15日

| 时间 | | | 内容 |
|---|---|---|---|
| 周日 | | | 进驻××大学，开展班级建设 |
| 周一 | 8：30—9：00 | 开班活动 | 开训动员 |
| | 9：00—12：00 | 理论授课 | 学习贯彻全国研究生教育会议精神，持续推进和深化研究生教育综合改革 |
| | 14：30—17：30 | 理论授课 | 一流大学、一流学科建设的理论与实践 |
| 周二 | 8：30—11：30 | 理论授课 | 创新与育人高度融合，让研究生成为驱动创新的战略生力军 |
| | 14：30—17：30 | 现场教学 | 大学精神与文化传承（××大学校史馆） |
| | 19：30—21：00 | 分组研讨 | 对本学科专业内涵式发展的思考 |
| 周三 | 8：30—11：30 | 示范观摩 | ××大学精品课堂教学观摩交流 |
| | 14：30—17：30 | 理论授课 | "互联网+"背景下高校教学模式创新研究 |
| 周四 | 8：30—11：30 | 理论授课 | 新时代中国研究生培养的内涵与路径 |
| | 14：30—17：30 | 座谈交流 | 分组参观国家级重点实验室并与××大学专家团队围绕"一流"学科建设开展讨论交流 |
| | 19：30—21：00 | 分组研讨 | 对本学科专业研究生创新培养的思考 |

续表

| 时间 | | | 内容 |
|---|---|---|---|
| 周五 | 8：30—11：30 | 理论授课 | 学科带头人培养与创新团队建设 |
| | 14：30—17：30 | 现场教学 | 之江实验室（区块链与人工智能，"双一流"高校建设） |
| 周六 | | 返程 | |

# 附录8 ××大学教学研究与教师发展中心 2018—2019学年第二学期工作周历

| 序号 | 工作详细内容 | 版块 | 完成时间 | 科室 |
|---|---|---|---|---|
| 1 | 下达2018年下半年教学工作量核算通知 | 教学工作量 | 第1周 | 教务科 |
| 2 | 完成名校工程第一、二、三批课程建设项目的结题验收工作 | 名校工程 | 第2周 | 教研教发中心 |
| 3 | 下达本学期助教工作实施意见，组织新入职教师开展助教工作 | 教师发展 | 第3周 | 教研教发中心 |
| 4 | 统计汇总2018年下半年教学能力培训情况 | 教师发展 | 第3周 | 教研教发中心 |
| 5 | 完成2018年教师教研论文统计情况 | 教学研究 | 第4周 | 教研教发中心 |
| 6 | 汇总、统计2019年上半年助教及导师情况 | 教师发展 | 第6周 | 教研教发中心 |
| 7 | 完成2018年专业负责人工作量统计情况 | 专业建设 | 第6周 | 教研教发中心 |
| 8 | 启动优秀本科教学团队评选工作，下发评选通知 | 教师发展 | 第7周 | 教研教发中心 |
| 9 | 完成名校工程课程教学标本资源库项目的结题验收工作 | 名校工程 | 第9周 | 教研教发中心 |
| 10 | 开展新入职教师培训，对助教工作开展情况检查 | 教师发展 | 第9周 | 教研教发中心 |

续表

| 序号 | 工作详细内容 | 版块 | 完成时间 | 科室 |
|---|---|---|---|---|
| 11 | 完成2018年下半年教学工作核算、公示及汇总上报工作 | 日常教学 | 第12周 | 教务科 |
| 12 | 推进山东省高水平应用型重点建设专业（群）和自筹经费专业（群）建设，做好年中考核工作 | 专业建设 | 第13周 | 教研教发中心 |
| 13 | 汇总统计2019—2020学年第一学期外聘教师情况 | 日常教学 | 第15周 | 教务科 |
| 14 | 推进教育服务新旧动能转换专业对接产业项目建设，做好年中考核工作 | 专业建设 | 第15周 | 教研教发中心 |
| 15 | 完成2017年校级教学研究项目中期考核工作 | 教学研究 | 第17周 | 教研教发中心 |
| 16 | 完成新入职教师助教考核、教学能力培训学时审核以及教学能力达标测试等期末考核工作。 | 教师发展 | 第18周 | 教研教发中心 |
| 17 | 做好专业设置与调整工作 | 专业设置 | 第18周 | 教研教发中心 |
| 18 | 根据上级部门工作安排进程，组织申报2019年度教育部和省教育厅的其他本科教学质量工程项目。包括国家专业综合改革试点、省人才培养模式创新实验区、省教学团队、精品课程、特色专业等项目申报工作，积极做好有关精神的宣传，做好申报工组的动员及材料的准备及审核工作。 | 本科教学质量工程 | 根据省教育厅安排 | 教研教发中心 |
| 19 | 定期邀请校外名师、专家来校交流、做培训报告 | 教师培训 | 全学期 | 教研教发中心 |
| 20 | 选派组织优秀教师参加校外短期培训 | 教师培训 | 全学期 | 教研教发中心 |
| 21 | 开展教学观摩、教学工作坊等校内教师培训活动 | 教师培训 | 全学期 | 教研教发中心 |
| 22 | 外聘教师授课、酬金发放与管理 | 日常教学 | 全学期 | 教务科 |

# 后　记

记得作家稻盛和夫先生说过，"劳动带来至高无上的喜悦，玩耍和趣味根本无法替代。聚精会神、孜孜不倦，克服艰辛后达到目标时的成就感，世上没有哪种喜悦可以类比。如果不能在劳动中、在工作中获得充实感，那么即使在别的方面找到快乐，最终我们仍然会感觉空虚和缺憾。喜悦从劳动与艰辛中渗出，工作的乐趣潜藏在超越困难的过程之中，认真工作带来的果实，不只是成就感和充实感，它还起到修行的作用，磨练人格，奠定我们做人的基石"。余亦深以为然也！劳动中所产生的创造力、存在感和荣誉感是对劳动者最大的也是最终极的激励方式。只有劳动中的精神激发才能实现人与工作之间真正的融合，工作才有可能因为突破劳动者的技术本身进入"道"的层面而产生无穷的创造力，从而实现人与工作之间的相互点燃与相互成就！从这个意义上说，该著作在我博士论文的基础上整理而成，读博是一场艰险的旅行，但是读博士的过程是对我的最大滋养，为我筑起了一座精神的山脉，给干涸的心灵以甘露、阳光和力量！在夜深人静笔耕不辍写论文的时刻，我感觉人与工作融为一体，作用于工作的不再是大脑的思考，而是心的力量，我很享受那份喧嚣尘世中的思想狂欢，内心充盈着有质地的喜悦和甜蜜。

承蒙时光不弃，感恩遇见！衷心感谢我的导师柯佑祥教授！恩师的为人和学识让我敬仰，恩情和教诲铭记终生！导师的教诲和鞭策激励我在学术研究道路上励精图治、开拓创新，从论文选题、分析框架、研究方法、问卷设计、遣词造句等环节，始终倾注着导师的心血和指导。柯老师儒雅淡定、睿智温和、不怒自威的气场，有一种直达人心的力量，让我心生敬畏！感谢研究生院和教科院的领导、老师们！谢谢您们的辛勤劳动和智慧付出！特别感谢尊敬的涂又光先生、冯向东教授、刘献君教授、赵炬明教授、沈红教授、李太平教授、陈廷柱教授、贾永堂教授、余东升教授、陈建文教授、雷洪德教授、郭卉教授、张俊超教授、李伟教授、朱新卓教授、刘长海教授、于海琴教授、张妍教授、彭湃教授等老师们给予我学术滋养，他们宽广的学术视野、严谨的治学态度、深厚的学识功力、凝练的话语表达，带我领略了世界先进高等教育风景。老师们的精彩授课给我留下了深刻印象，让我如获至宝，甘之如饴，谢谢老师们的精神大餐！感谢黄明东教授、李太平教授、陈廷柱教授、陈建文教授、曾鸣责编在著作修改中所提出的中肯建议！感谢靖国平教授、李保强教授、李太平教授、陈建文教授、雷洪德教授在著作定稿过程中提出的非常宝贵的修改意见和建议！谢谢老师们坚持不懈追求真理、对我的辛勤指导和付出！

感谢蓝江桥教授和李小平教授！他们每次见面都会询问关心我的写作进展情况，指导我布局谋篇、开拓视野，感谢他们对我的鼓励和指导！感谢空军预警学院的各级领导和同事们对我的厚爱和支持!感谢刘惊铎导师！他无数次电话询问著作修改情况，探讨著作的理论框架和研究方法的适切性，主动为我答疑解惑。感谢郝文武导师、孙峰导师的鼓励和关心！我无以言表内心的感激之情，只有不断努力不辜负大家的期望。

感谢硕士和博士学习期间的同窗好友们，你们的勤奋、善良、勇敢、执着、豁达、睿智和激情，驱逐了我的彷徨和懒惰，让我收获了珍贵的友情与多彩的生活！！！纸短情长，恕我不能在此赘述一一列出你们的名字，但是恩情永远铭记于心！感激之情溢于言表！愿你们一生平安喜乐！感谢朝夕相伴共同成长的所有人！

感谢中国海洋大学出版社的支持！谢谢出版社编辑老师们求真务实的工作态度！正是你们同心协力，克服静默管理和快递停运等各种困难，认真细致地校对排版，使得这本书能够顺利出版！没有逾越不了的寒冬，没有不会到来的春天，我们一起期待春暖花开！感谢前期匿名参加问卷调查和访谈的朋友们！谢谢您们热情回应我的无数次叨扰，并及时反馈确认修正我的访谈资料整理分析稿！

感谢我的亲人们！你们是我砥砺前行的不竭动力！这些年异常艰难，历经磨难，各种突如其来的重创交织陷入情绪深渊时，我深深体会到"没有在深夜痛哭过的人，不足以谈人生"。虽然经历身心双重煎熬、终日苦思冥想完成了著作终稿，但我的内心却很沉重，主要因为著作还有许多不足之处，需要进一步思考完善。正是这些年写作时的艰辛付出，才真正让我认识到自己的浅薄无知与能力不足，大学教师发展中心的组织变革永无止境，本书中有些观点和思想还有待进一步研究和拓展，恳请各位读者提出批评和建议，发送您的宝贵意见至电子邮箱252362182@qq.com，谨致诚挚谢意！

程 平

2022年7月于凤飞台